ZHEJIANG UNIVERSITY
LAW REVIEW

浙大法律评论

【第8卷】

范良聪　主编

ZHEJIANG UNIVERSITY PRESS
浙江大学出版社

图书在版编目（CIP）数据

浙大法律评论. 第 8 卷 / 范良聪主编. —杭州：浙
江大学出版社，2022.5
ISBN 978-7-308-22514-4

Ⅰ.①浙… Ⅱ.①范… Ⅲ.①法学—文集 Ⅳ.
①D90-53

中国版本图书馆 CIP 数据核字（2022）第 061907 号

浙大法律评论（第 8 卷）

范良聪　主编

责任编辑	钱济平
责任校对	许艺涛
封面设计	续设计
出版发行	浙江大学出版社
	（杭州市天目山路 148 号　邮政编码 310007）
	（网址：http://www.zjupress.com）
排　　版	杭州青翔图文设计有限公司
印　　刷	杭州良诸印刷有限公司
开　　本	787mm×1092mm　1/16
印　　张	12
字　　数	170 千
版 印 次	2022 年 5 月第 1 版　2022 年 5 月第 1 次印刷
书　　号	ISBN 978-7-308-22514-4
定　　价	68.00 元

《浙大法律评论》编委会

目　录

译文

企业犯罪的交易式刑事司法

[日]稻谷龙彦 著　唐春杨 译*

序　言

近来,在企业犯罪的语境中,基于检察官等与企业的交涉、合意的问题解决方法,即交易式的刑事司法具有越来越重要的意义。

例如,2018 年 6 月生效的《日本刑事诉讼法修正案》中,由于"协议、合意制度"的引入,若企业自己预防、揭露从业人员、经营管理人员

---

　*　原文发表于日本《刑法杂志》,"应对企业犯罪的多角度探讨"特集,2019 年 58 卷 1 号,第 44-54 页。作者介绍:稻谷龙彦,京都大学大学院法学研究科教授,法务博士。本文在执笔之时,得到了澳大利亚国立大学浅井显太郎助教的宝贵意见,特在此表达谢意。当然,本文的论述责任将全部由笔者承担(作者注)。译者介绍:唐春杨,浙大城市学院法学院、浙江大学法学院联合招收博士后,法学博士。

等犯罪的，作为协助侦查机关的回报，企业请求不被追诉的情况是很可能出现的。该制度规定，犯罪嫌疑人等如果协助侦查机关对第三人的犯罪侦查的，作为交换，检察官可以对该嫌疑人的涉嫌犯罪行为作出不起诉、限制诉因、减刑等的有利举措。而且，在反垄断法的语境中，在原有的附加税减免制度（Leniency）之外，实务界也正在探讨引入"裁量的附加税制度"①。该制度将使得犯罪嫌疑人协助侦查后，检察机关可以更加弹性地设定对其的制裁内容。

此外，我们将视线转至海外，发达国家的刑事诉讼制度中还存在"缓起诉协议"（Deffered Prosecution Agreements，下文简称 DPA）、"不起诉协议"（Non-Prosecution Agreements，下文简称 NPA）等制度。即企业通过协助侦查、改革企业构造等方式，使其受到的金钱制裁在事实上被限定于民事上的恢复原状（或者大幅减少额度），亦或者通过检察机关缓起诉或者不起诉的方式，来减少由有罪判决、刑事诉讼带来的各种恶劣影响（行政制裁、评价的毁损导致的股价下跌等）。这类制度正在全世界范围内扩张②，日本企业现在也成为其适用对象。

本文将基于虚构的具体设例，通过法与经济学的观点来分析交易式司法，以及作为其前提的企业内部控制活动、协助调查等在预防、揭露企业犯罪的视角下所具备的意义，并引出对日本的法律实务、法律政策的启示。企业生产活动中的社会利益最大化，与预防企业违法行为而获得

---

① 该制度的概要请参照日本公正交易委员会制作的《反垄断法研究会报告书（2017 年 4 月 25 日）》。

② 参见 Brandon L. Garrett, Too Big to Jail: How Prosecutors Compromisewith Corporations. Harvard University Press, 2014（美国）；Polly Sprenger, Deferred Prosecution Agreements: The Law and Practice of Negotiated Corporate Criminal Penalties. Sweet & Maxwell, 2015（英国）；Sous la direction d'Alain Pientracosta, La Loi ＜ Spain Ⅱ ＞ Prise Aux Mots: Transparence-Anticorruption-Modernisation. Fauves editions, 2016（法国）。

的社会利益最大化,这两者的并存在企业犯罪对策的语境中是有必要实现的。因此,用前述的方法论来分析这个问题是有益的。

本文所用的具体设例如下所示。

【设例】

X 公司的董事甲,为了在发展中国家 Y 国获得稀有资源的开采业务合约,命令部下乙向 Y 国高官丙行贿。乙与丙交涉后,Y 国与 X 公司签订了 100 亿日元的资源开采业务合约。作为回报,X 公司通过乙向丙承诺,将会支付给丙合约金额的 5%,即 5 亿日元。随后,甲指示乙用 X 公司在第三国持有的隐匿账户向丙转账相当于 5 亿日元的美元后,丙接受了款项。通过该行贿,X 公司获得了合约,并获得了 100 亿日元的利益。然而由于 Y 国腐败体制,健全的市场被扭曲,对社会全体来说产生了 200 亿日元的成本。此外,甲因为该业绩可以就任下一任总经理,乙也将升任董事,两人分别可以获得相当于 8 亿和 7 亿日元的经济利益。此外,世界银行也部分参与该项业务的融资。

一、企业的内部控制活动、协助侦查的意义

(一)企业的内部控制、协助侦查与交易式刑事司法

在本设例中,X 如果想要利用交易式刑事司法,例如想要通过协商、

合意制度,来获取检察机关的不起诉约定,则 X 需要率先进行内部控制活动或者协助侦查。因为如果甲或乙的其中一人先于 X 来协助检察机关的话,X 将失去被"赦免"的机会。

也就是说,若想要适用企业犯罪语境中的交易式司法,由 X 实施的内部控制活动、协助侦查是不可或缺的。为此,在分析交易式刑事司法之前,首先需要探讨的是:寻求企业内部控制活动及协助侦查的正当化理论根据。

(二)企业的内部控制、协助侦查的意义

从结论来讲,由企业实施的内部控制活动、协助侦查,可以通过相对较低的社会成本来促进企业犯罪的揭露与预防。可以想见这是其正当化的理由。

以设例的情况来看,预防甲、乙的犯罪所必要的刑罚量,会因为企业是否存在内部控制活动、协助侦查而产生巨大的变化。企业实施的经济犯罪通常具有很高的隐匿性。本设例的甲、乙对外国公务员的行贿行为,也是通过隐匿账户取款后,以现金的方式直接交付的。该犯罪是很难仅由政府揭露的犯罪类型。在没有企业的内部控制活动、协助侦查情况下,假设设例中的甲、乙犯罪的揭露率5%[①],实施犯罪的成本为100万日元。以此为前提,在揭露甲、乙的情况下,各自的预防犯罪所必要的刑罚量,将是他们获得的个人利益减去犯罪成本后除以揭露率的金额,即

---

① 为了方便起见,本文所指揭露率是指受到实刑的概率。

最少分别需要 160 亿日元和 140 亿日元。[①]

但是,由于 160 亿日元和 140 亿日元的罚金实际上很难支付,因此不可避免地存在犯罪预防效果的界限。当然存在着监禁等罚金以外的手段可以选择,然而也存在如下问题:(1)监禁的社会成本太高;(2)为了保持对更加严重的犯罪的威慑力,监禁刑期也存在界限;(3)从规范的观点来看,由于监禁期的界限存在等原因[②],监禁的预防效果也存在界限。因此,如果 X 不进行内部控制、协助侦查,且揭露率还是很低的话,从预防企业犯罪的角度来看就存在着巨大的问题。

如果 X 存在内部控制活动,甲、乙秘密实施犯罪活动的情况将会变得非常困难。[③] 如果 X 在发现犯罪后协助侦查,对于甲、乙犯罪的揭发率将大幅上升。假设 X 实施内部控制活动、协助侦查,甲、乙的揭露率上升至 2/3,各自的犯罪成本上升至 1 亿日元,那么预防甲、乙犯罪所必要的罚金数额将会分别降低至 10.5 亿日元和 9 亿日元。根据甲、乙的身份来考量,这个金额的罚金刑将具有现实意义。如果是判处监禁刑,其刑期也将比没有内部控制、协助侦查的情况更短。因此,如果 X 存在内部控制、协助侦查,会更容易预防甲、乙的犯罪行为。

此外,由于企业比政府更容易获取从业人员、经营管理人员等的信息,企业实施的内部控制活动、协助侦查,可以用更少的资源来促进揭

---

① 若不如此,将会鼓励他们犯罪。参见 Gary S. Becker, Crime and Punishiment: An Economic Approach. Journal of Political Economy, 1968, 76: 169, 176。

② 参见 Jennifer Arlen & Reinier Kraakman, Controlling Corporate Misconduct: An Analysis of Corporate Liability Regime. NYU Law Review, 1997, 72: 687, 695-696 n. 21。此外,也有学者指出长期监禁反而会使得刑罚的预防效果下降。参见 Paul H. Robinson, Distributive Principles of Criminal Law: Who Should be Punished How Much? Oxford University Press, 2008, 36-45。

③ 换言之,内部控制活动本身就能起到预防犯罪的效果。

露、预防企业犯罪。在这个范畴下,可以说也能通过相对更低的社会成本来促进揭露、预防企业犯罪。因此可以认为,企业实施的内部控制活动、协助侦查,对于用相对较低的社会成本来揭露、预防企业犯罪这件事,能起到促进作用。[1]

二、交易式司法的意义

(一)总论

即使企业实施的内部控制活动、协助侦查可以促进企业犯罪的预防和揭露,以减少企业犯罪所产生的社会成本被认为是其正当化的理由,但是若要具体通过适用交易式司法来恰当地诱导企业,还需要满足几项必要条件。下文将分别分析企业的内部控制活动和协助侦查的各自场景下的恰当诱导方法。要作此区分的理由在于,两者会使企业的利益状况有所不同。

(二)最适宜的内部控制活动的诱导

恰当诱导企业实施内部控制活动最简单的方法是,依据某个内部控制活动的等级,将企业的从业人员、经营管理者等的犯罪所造成的社会

---

① Arlen & Kraakman, supra note 6 at 695-696.

成本作为罚金并使其内部化（即科以所谓的"最适宜的罚金"）。[1] 这是因为 X 有权决定将该资源转向自己的生产活动或者内部控制活动的任意一项，并能够观察其结果。X 提供的产品或者服务等所获得的对价总量可以给社会带来价值，而通过内部控制活动来减少从业人员的违法行为，也能为社会带来价值。然而，X 在投入资源时只能选择其中一项。如果 X 把资源投入内部控制活动，就意味着要在这个限度内放弃提供产品或服务，也就会产生这个部分额度的社会成本。若找到向内部控制活动投入一个单位的某种资源所获得的社会收益与社会成本的平衡点，就能使得整体的社会成本最小化。也就是说，若将甲、乙那样的违法行为所产生的社会成本，以罚金的形式让 X 来负担，只要 X 是想合理追求利益，就能诱导其实施最适宜程度的内部控制活动（但是，由于甲、乙的违法行为，X 也产生了私利的情况也需要算入实施最适宜的内部控制活动，因此，在计算罚金时，也必须把这点考虑进去）。[2]

设例的场合，甲、乙的犯罪揭露率若为 5％，则将有 3700 亿日元由 X 承担；揭露率若为 2/3，则将有 280.5 亿日元由 X 承担。这种巨大的差异能诱导 X 实施最小化的社会成本内部控制活动（即"最适宜的内部控制活动"）。

（三）最适宜的协助侦查的诱导

另外，为了诱导企业进行恰当的协助侦查，需要进行更复杂的分析。

---

[1]　Arlen & Kraakman, supra note 6 at 701-705.
[2]　See ibid. at 762-763. 具体就是，社会成本减去甲、乙获得的个人利益，再加上甲、乙实施犯罪的成本后，除以揭露概率。

这是因为协助侦查本身不会让企业产生利益。即通过内部控制活动，企业可以通过提高犯罪的揭露率来减轻自身所需负担的罚金。但是协助侦查的场合，会让企业自身陷入有罪判决等不利场景中，因此只会产生不利的企业决策。[①] 况且，有罪判决自不必说，仅仅因为被起诉，企业就可能面临行政制裁、声誉受损导致的股价下跌，以及该设例中，X 无法再参与世界银行计划等刑事制裁以外的损失。[②] 因此，为了诱导协助侦查，需要展开不同于内部控制活动的考量。若不如此，则会导致企业隐匿其发现的犯罪。

基于协议、合意制度的不起诉协议，反垄断法上的附加税减免制度的存在意义正在于此。以协助侦查和调查为条件，可以免除企业的刑事责任或民事责任的话，协助侦查就不会对企业产生不利。利用嫌疑人的矛盾，更能诱导其协助侦查。设例中如果存在协议、合意制度，X 在发现甲、乙犯罪的阶段，在甲、乙向侦查机关求助前就会产生协助侦查机关的动机。

然而，不起诉协议、附加税减免制度的僵硬适用，将会产生诸如内部控制活动的过少或过剩，以及生成无法内部化的社会成本等的新问题。[③] 例如设例中，X 按照最适宜的内部控制活动标准投入了 20 亿日元，使得揭露率达到 2/3，就将使得三方各自实行犯罪的成本上升 1 亿

---

① Arlen & Kraakman, supra note 6 at 707-711.

② 总结了上述追加的成本的，参考美国的文献，See Jennifer Arlen, Corporate Criminal Liability: Theory and Evidence in Alon Harel & Keith N. Hylton ed. Research Handbook on the Economics of Criminal Law. Elgar Publishing, 2012, 144, 149-151. 此外，世界银行关于渎职的解决办法详细参见：World Bank Group Integrity Vice Presidency, Annual Report 2017, http://pubdocs. worldbank. org/en/703921507910218164/2017-INT-Annual-Update-FINAL-spreads. pdf.

③ See Arlen & Kraakman, supra note 6 at 742-752.

日元。此时对 X 最适宜的罚金为 280.5 亿日元,加上内部控制费用后,对社会来说的最适宜的状态则需要 X 负担 300.5 亿日元。此处假设关于对外国公务员丙的行贿罪,引入对甲、乙、X 中最先报告者免除罪责的制度。在这个场景下,即使 X 首先求助于侦查机关,也无法保证 X 的内部控制活动的等级正处于最适宜的状态。因为,可能是 X 实际只投入 10 亿日元,揭露率为 40%、犯罪实行成本为 0.5 亿日元,但是 X 偶然发现了甲、乙的犯罪行为。相对地,为了确保首先报告犯罪以免除罚金刑,并认为这个免除的额度会与实施内部控制活动的成本相抵消,X 可能会投入 40 亿日元,使揭露率和犯罪实行成本分别上升至 75% 和 2 亿日元。[①]

如果如此,前者的场合,除了内部控制活动所负担的 10 亿日元外,约有 465 亿日元的社会成本无法内部化。后者的场合,因为早已超过最适宜的内部控制活动等级,加上 X 滞后的产品或服务的供给所产生的社会成本,将会有约 252 亿日元的社会成本无法内部化。因此,基于协议、合意制度的不起诉协议,反垄断法上的附加税减免制度在设计、适用时,有必要考量内部控制活动的过少或过剩,与无法内部化的社会成本等现象。即为使企业犯罪所造成的社会成本最小化而诱导进行必要的协助侦查(最适宜的协助侦查),交易式刑事司法需要在适用上下一些功夫,甚至还有必要进行立法活动。

---

① 产生这种问题的原因在于,在这种系统下,即使实施了超过最适宜等级的内部控制活动,其成本也将会与罚金刑的免除额度相抵消。即企业将资源投入内部控制活动,会放弃本来应当投入生产活动的部分并遭受损失。因此,即使采用了致使企业活动所产生的负的外部性以内部化的罚金,将资源投入内部控制活动所得到的临界利益与临界成本的平衡点,会致使放弃内部控制活动。但是,由于他人先行揭露了违法行为而被免除罚金,事实上将会因为内部控制活动产生新的利益。因此可以抵消未将资源用于生产活动所产生的成本,诱发过剩的内部控制活动。Arlen & Kraakman, supra note 6 at 739-740.

三、法的适用和立法建言

（一）协议、合意制度适用时所必要的工作和立法

通过对企业犯罪的交易式刑事司法的上述分析可以看出：

第一，有必要对现行的经济制裁制度进行改革。因为，鉴于大规模的经济犯罪所带来的巨额社会成本，现行规定的经济制裁额度已经过于低了。

第二，协议、合意制度适用时，在不起诉协议的情况下，除了协助侦查，以该内部控制活动等级所对应的罚金额度相当的经济负担为条件的适用①，有必要去规避内部控制的过少或过剩，以及无法内部化的社会成本的发生。②《日本刑事诉讼法》第三百五十条之二规定的"其他的情节"是不可能包含前述条件的。

第三，协议、合意制度的适用，还需要考量起诉或者无法完全缴纳有罪判决的罚金所产生的不利。例如设例中，即使乙先求助于侦查机关，在内部控制活动最适宜且没有隐匿犯罪风险的情况下，以协助对甲的侦查以及使其负担最适宜的罚金相当额度的金钱负担为条件，也有必要对 X 适用不起诉决定。这是因为，为了规避行政制裁或者评价的毁损导致

---

① 当然，企业如果可能产生承受等额的经济负担的情况下，就能够规避上述问题的发生。因此，如果在有受害人的犯罪的场合，在明确企业所涉犯罪的细节基础上，可以采取由企业自己认罪和公开等的措施，通过使随后的民事诉讼追责顺利进行，来替代部分的经济制裁。

② 反垄断法上最好也能采用弹性的裁量式附加税制度，而上述问题正好可以成为其理论基础。

的高成本,X 还是会进行过剩的内部控制活动,甚至还会引起隐匿犯罪的风险。

基于以上的考量,设例中最好的解决方案是,X 实施最适宜的内部控制活动和协助侦查,侦查机关对其附以支付 280.5 亿日元的条件而不起诉。同时,基于预防甲、乙犯罪的目的,而对甲、乙分别科以必要的最小限度的刑罚,即 10.5 亿日元、9 亿日元的罚金或者与之等价的刑罚。[①]但是,恰当诱导协助侦查的观点来看,如果 X 隐匿了违法行为的情况,需要加重经济制裁[②],情节恶劣的依然需要起诉。

(二)DPA/NPA 的立法

本文开头言及的 DPA 和 NPA,在经济制裁无法充分进行时,会成为诱导内部控制活动、协助侦查的有力手段。例如,在由于股东的扩散或者经营管理者的任免制度不完善,经营管理者不会受到股东充分控制的场合,如 DPA 和 NPA 一般,直接且彻底地改变企业的治理结构将会更加有效率。[③] 因为前述场合即使让股东承担经济制裁,也不会起到预防违法行为的效果。

当然,在现行的协议、合意制度的框架下实行 DPA 和 NPA 是存在疑问的。这也是因为,以协助侦查第三人犯罪为目的的协议、合意制度,与通过构造改革等方式把自身的犯罪问题也能解决的 DPA 和 NPA 的

---

① 仅看现状可能不是最适宜的解决方法,但考虑到预防未来犯罪的情况,可能还是最适宜的。对于此语境中最适宜的犯罪预防的动态模式的探讨,寄望于今后的研究。

② See Arlen & Kraakman,supra note 6 at 737-739.

③ See Jennifer Arlen & Marcel Kahan, Corporate Governance Regulation through Nonprosecution. University of Chicago Law Review,2017,84:323.

制度宗旨是相异的。并且,基本上仅仅以检察官的追诉裁量权为基础的美国 DPA 和 NPA 制度,其程序的不透明、检察官带来的构造改革的妥当性等问题也屡见不鲜。[1] 加之从根本上讲,引入 DPA 和 NPA 会使得法律正义的实现与经济效率产生冲突,进而会对刑事司法的基本思想带来变革。[2] DPA 和 NPA 的实施,最好是基于充分处理上述问题后的立法。[3]

结　语

本文对于企业犯罪的交易式刑事司法的意义和机能,结合作为其前提的企业实施的内部控制活动、协助侦查的意义和机能进行了分析,得出的结论是,通过交易式刑事司法的适用来诱引企业实施内部控制活动、侦查协助的方式,将会以相对较低的社会成本达到促进预防、揭露企业犯罪的效果。但是,为了充分享受这个果实,还是有必要另立新法并在具体适用上下功夫。

---

① See Jennifer Arlen, Removing Prosecutors from the Boardroom in Anthony S. Barkow & Rachel E. Barkow, Prosecutors in the Board Room: Using Criminal Law to Regulate Corporate Conduct. NYU Press, 2011, 62.

② See Antoine Garapon, Une Justice ＜Très＞ Économique dans sous la direction de Antoine Garapon et Pierre Servan-Schreiber, Deals De Justice: La Marché Américain De L'Obéissance Mondiallisée, 2013, 117.

③ 实际上英国及法国都考量了这个因素,法院也参与 DPA 的适用。See Sprenger, supra note 3 at 19-24, 141-151 (英国). Pientracosta, supra note 3 at 19-27, 47-51, 103-105 (法国).

合规，是一种替代性的法律方法吗？

[德]罗尔夫·斯托伯 著　申屠晓莉 译 *

汉斯·约阿希姆·科赫(Hans-Joachim Koch)是当代法学界极负盛誉的环境法专家，他一直致力于环境法方面的研究。然而，他的出版物、讲座、专家意见及社会工作均建立在其早期著作所奠定的核心法学基础之上：法学方法论。我们只需要回顾一下他的《法学论证理论》(*Juristische Begründungslehre*)、《法学方法论和分析哲学》(*Juristische Methodenlehre und analytische Philosophie*)和《国家法中的法学方法》(*Die Juristische Methode im Staatsrecht*)等主要著作便可知。鉴于寿星(科赫)的学术兴趣，我献上一篇涉及方法论问题的论文，以表敬意。

---

* 原文载于汉斯·约阿希姆·科赫教授 70 岁祝寿文集，参见 *Rolf Stober*，Compliance-eine alternative Methode des Rechts?，in：Ewer/Ramsauer/Reese/Ruber（Hrsg.），Methodik-Ordnung-Umwelt，Festschrift für Hans-Joachim Koch aus Anlass seines siebzigsten Geburtstags，Berlin 2014，S. 94-104。作者介绍：罗尔夫·斯托伯(Rolf Stober)教授，德国继续教育大学(DUW)合规、安全经济学和企业安全研究所(FORSI)主任。译者介绍：申屠晓莉，江苏大学法学院副教授。

一、合规作为法学方法论的议题？一个调查结论

合规的引入是否及在多大程度上会影响到法学方法论的各个方面，或者说，合规是否成为全面研究法律的另一种方法，这个重要的问题一直都很少有人关注。本文的出发点是莱纳·哈姆（Rainer Hamm）在其《超越法律的合规》（"Compliance vor Recht"）一文中发表的观点："每个人都在谈论合规，就好像合规并不是法律的一个部分，而是与之并列的新规则领域。"[①]这段话表达了法律体系中合规问题的地位评价，关于这一点，米歇尔·G. 西尔弗曼（Michael G. Silverman）在阐释合规问题时也曾指出："一个流行的主题是永不停止对'超越合规'的探究。"[②]

类似的观点表述基本上都考虑到合规问题在民法、经济法及劳动法等方面的意义，其中主要涉及著名公式"不遵守就解释"（comply or explain）的使用。除此之外，这些文献只是零星地涉及合规的基本问题或者合规的目的与目标。相反，在"避免责任"[③]的指导原则下，集中讨论企业实践中法律适用问题的文章和著作占主导地位。在重要理论的抽象层面，最多只是考虑将合规问题作为一个时髦话题或者必要项目。[④]

---

① *Hamm*，NJW 2010，1332.

② *Silverman*，Compliance Management for Public，Private or Nonprofit Organizations. New York，2008，S. 289.

③ 参见 *Hauschaka*（Hrsg. ），Corporate Compliance，2. Aufl. 2010 一文中的小标题和第12 页。

④ *Moosmayer*，NJW 2012，3013 ff.

即使从跨学科的角度看，也几乎找不到任何超越"经典"合规议题的冲动。[①] 除了包含伦理学和企业经济学在内的阐述[②]，相关文献就合规概念在学术研究中可能具备的方法论功能仅仅作了粗疏的讨论。全球范围内的合规研究亦是如此，虽然偶尔会涉及此类问题，但是并没有从关乎法律的可行方法角度进行深入探讨。[③]

二、结论批判与研究过程

总体而言，可以得出这样一个结论，即对合规问题的研究很大程度上仅限于将合规归结为只具备公司管理模式和组织模式的功能，并将其视作解决组织和个人错误的答案。[④] 因为这种具有局限性的思维模式，学界忽略合规在分析和解决法律难题时的方法学潜力，也就不足为奇了。因此，有必要对合规可能存在的适用领域进行更深入、更全面的研究，因为合规已经通过各种影响发展成复杂的概念和体系，至少乍一看它与法学方法论的要素有重叠与相似之处。人们会在法律获取、法律适用及法律完善这些方面考虑上述两个领域的内容。

从这个角度看，本文开辟了法学和方法学的新天地，不再局限于那些既不符合方法论特征也不符合合规问题典型内容的狭隘的法学重点。

---

① *Holzhauser/Sutter*(Hrsg.),Interdisziplinäre Aspekte von Compliance,2011.

② *Moosmayer*,NJW 2012,3013.

③ 对此参见 *Wieland/Steinmeyer/Grüninger*(Hrsg.),Handbuch Compliance Management,2010,699 ff。

④ 也参见 *Stober*,DVB1.2012,391 ff。

在这一背景下,下文将进一步讨论如下问题:首先,研究合规的概念、适用范围及调控体系:其次,与不同的法律方法进行比较。这为回答本文所感兴趣的问题奠定了基础,即合规是否及在何种程度上能够作为一种补充或替代的法律方法发挥作用,或者换种说法:合规体系能够为法律秩序带来哪些助益和价值?

三、合规问题概述

(一)合规概念

在上述分析中,虽然已经多次提及合规一词,并做了部分说明,但是仍然缺少一个明确的定义,而定义是阐明合规和法学方法论之间关系的前提条件。已有文献对合规的释义并没有达成共识,不过,合规概念在现行法规中存在不同的解释。总之,这些解释描绘了一个相当清晰的图景,并作为论文定义,为深入思考合规问题提供坚实的基础。在这个意义上,合规主要被理解为如下含义:

(1)合法性的组织(《德国银行法》第 25a 条和第 25c 条);

(2)遵纪守法的公司(《德国竞争限制法》第 97 条第 4 款);

(3)认真负责的企业治理(《德国股份法》第 161 条)。[①]

---

① *Stober*,DVB1. 2012,391 ff.

(二)合规标准

为了应对相关挑战,合规管理体系已经建立,尽管具体结构依然存在细微偏差,但在核心内容和结果上大体一致。德国审计师协会发布的《合规审计标准980》(IDW PS 980)就是一个具有开创性的成就。该建议自2011年9月30日生效,以七个要素为基础,其中合规文化是中心要素,并被其余六个要素包围,如图1所示[①]:毕马威会计事务所(KPMG)的7×7模式也是以类似的方式运作。[②]

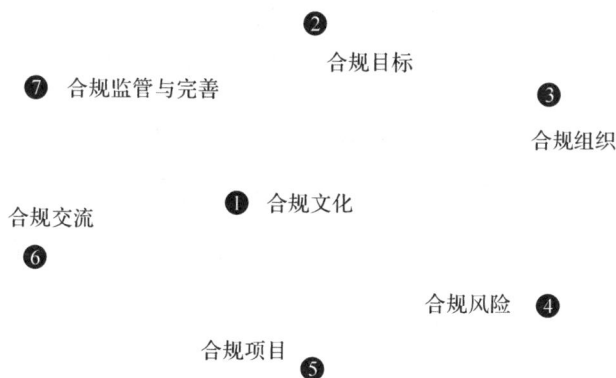

❷ 合规目标

❼ 合规监管与完善

❸ 合规组织

合规交流

❶ 合规文化

❻

合规风险 ❹

合规项目

❺

图1 德国《合规审计标准980》管理体系

图片来源:Stefan Behringer,Compliance für KMU,1. Aufl.,S. 209。图片已获得艾里西·施密特出版社(Erich Schmidt Verlag GmbH&Co. KG)的授权。关于本书的更多内容可访问 www. ESV. info/9783503138968。

---

① 参见 *Wendt*,in:Stefan Behringer (Hrsg.),Compliance für KMU,2012,S. 203,209。

② Compliance-Management-System,KPMG,2008,S. 19;关于企业安全的问题可参见 *Gundel/Mülli*,Unternehmenssicherheit,2009,S. 11;关于有效合规项目的七个要素及普华永道公司(PriceWaterhouse Coopers)开发的审计范畴可参见 *Hauschka*,Anwaltsblatt 2010,629,632。

(三)合规"四步法"

1."四步法"的要素

七要素法虽然能够为合规构成要件及审计范畴提供有用的根据,但是各要素的关系似乎是无序且重复的。除了文化要素,这种方法最主要的缺陷在于没有跨学科性,其应用只限于审计实践。因此,这里采用内容与七要素一致的四步法,该方法在各学科和国际上早已获得认可,尤其是在技术及安全管理领域(参见图2)。[①] 这种方法也已在立法中体现(《德国银行法》第25a条,《德国证券交易法》第33条第1款,合规管理最低要求分则1.2),而且由于这种方法关注四个要素,因此虽然流程较为简单,但不会导致实质损失。四步法迎来最终胜利,在它成为《ISO/DIS 196000合规管理体系指南》草案的基础后,获得澳大利亚的倡议并为德国标准化学会(DIN)所接受。根据指南第1节和第3.1节的规定,该标准适用于所有形式的组织,无论是私法意义上的组织还是公法意义上的组织。由于四步法的重点是实现"善治"(Good Governance)原则,因此下文也将从这个角度对此模式进行说明,在行政实践中的具体细节可以参考具体案例。

[①] DIN ISO/IEC 27001;《核电厂安全管理系统基本原则的公告》29.06.2004 BAnZ Nr. 138;BMI(Hrsg.);《保护基础设施安全的国家计划实施方案》第12页。

建立

```
┌──────────────┐                ┌──────────────┐                ┌──────────────┐
│ 4.1识别内外部问题 │--→           │ 4.3/4.4确定范围、│←--           │ 3.4善治原则   │
└──────────────┘      ↘        │ 建立合规管理体系 │              └──────────────┘
                        →       └──────────────┘
┌──────────────┐      ↗                │
│ 4.2确定相关方要求 │--→                 ↓
└──────────────┘              ┌──────────────┐
                              │ 5.2建立合规方针 │
                              └──────────────┘
                                     │
                                     ↓
                              ┌──────────────┐
                  改进         │ 4.5/4.6识别合规义 │
                              │ 务、评估合规风险 │
            维护                └──────────────┘        制定
                                     │
┌──────────────┐        ┌──────────────┐        ┌──────────────┐
│ 10管理不合规   │←--    │ 5领导承诺、独立 │--→    │ 6.1计划应对合规 │
│ 并持续改进    │        │ 的合规团队    │        │ 风险并实现目标 │
└──────────────┘        │ 5.3各管理层职责 │        └──────────────┘
                        │ 7支持功能     │
            评价          └──────────────┘        实施
                                │
┌──────────────┐        ┌──────────────┐
│ 9绩效评价及   │←──    │ 8.1/8.2运行策划与 │
│ 合规报告     │        │ 合规风险控制   │
└──────────────┘        └──────────────┘
```

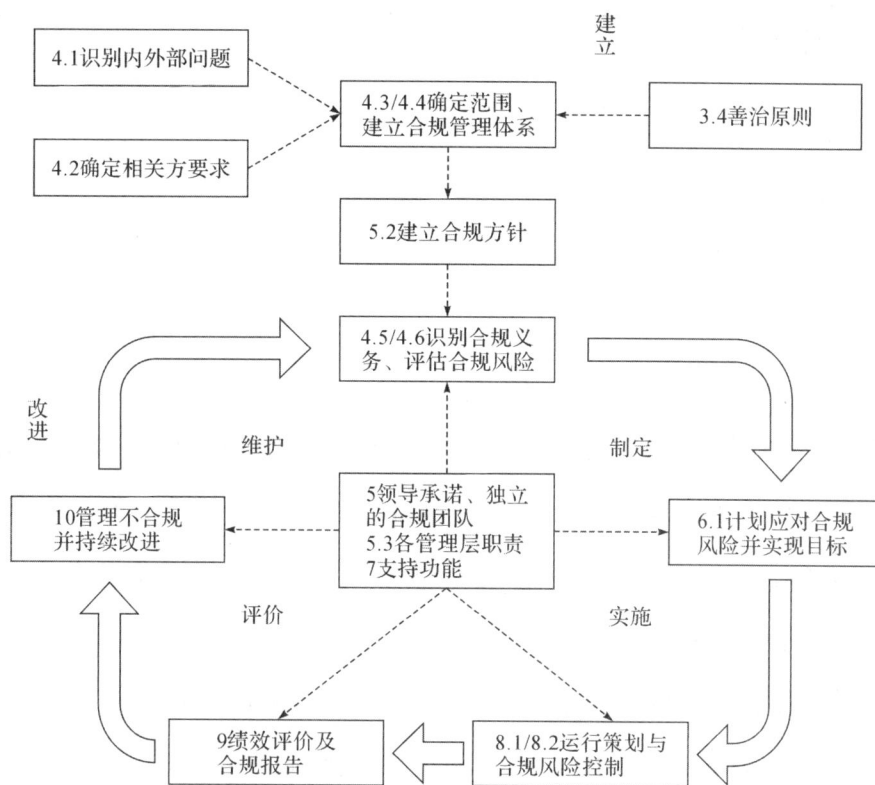

图 2　合规"四步法"示意

合规管理的定义是本文的出发点，它被理解为：对所有旨在确保和协调遵守与公司相关的法律法规的措施，进行有针对性的规划、决策、实施及控制。与之相应，这里有四个元素，可以用一个简图（参见图 3）清晰地勾勒出来。

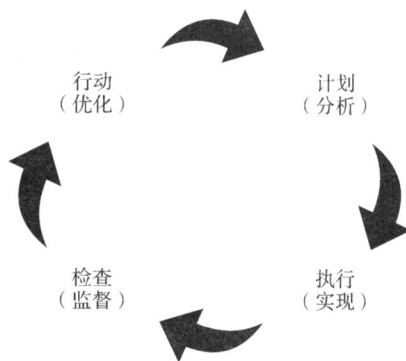

行动　　　　　　计划
（优化）　　　　（分析）

检查　　　　　　执行
（监督）　　　　（实现）

图 3　合规管理四要素

2.合规分析

合规分析第一步应由以下三个因素构成:

(1)价值分析;

(2)规范分析;

(3)弱点分析。

通过与上文《合规审计标准980》(IDW PS 980)中的七要素项目进行比较,不难发现合规文化、合规目标及合规风险都属于第一类范畴,因为这几个方面必然是具体公司进行调查的起点。至关重要的始终都是考虑哪些是公司的核心价值观,亦即哪些文化、理念和标准应该成为管理系统的基础。例如,以"值得尊敬的商人"为标准,其行为具备公平、正派、诚信、可靠和负责等特点。这些经久不衰的价值观,已在《社会责任指南》(ISO-26000)"企业社会责任"一栏中重新获得重视。

价值分析需要规范分析加以补充,通过规范分析来确定各公司适用哪些规则。这里必须区分构成性合规和宣告性合规,前者提供强制性合规法律及合规部门的信息(例如,《德国银行法》和依据《德国金融监管法》行使职权的联邦金融监管局)。最后,合规分析还需要找到可能影响公司的潜在漏洞。哪些活动可能存在漏洞,取决于企业类型和业务对象。为了系统地查明企业弱点,最好采纳在"供应链合规"意义上那些企业管理公认的价值链,该价值链包括基础性行为和支持性行为(风险示例:IT组织、采购和分销等)。

3.合规实现

合规分析完成后,则需要在管理系统中执行,这必须从两个方面入手:其一,建立一个合规组织的决定;其二,制定和安排合规的具体措施。合规组织的重点问题是考虑:内外部结构应作为一个整体还是区分开来,以及建立一个独立的合规部门还是将其并入现有部门(比如法务部、审查部等)。

存在合规组织是引入合规措施的前提,有了合规措施才能实现合规目标。首先,应在任何现有的具有约束力的合规法律或组织义务之外,创设和建立内部规则(行为准则)。这些规则可以在手册中进行总结,并应当成为与企业职工或者供货商订立合同时必须遵守的准则。为了实现这一目的,应当提供相应的培训,以提高和改善完成这一目标的意识,从而在整体上实现规范交易,促成安全行为,传达积极情绪。毫无疑问,在这一阶段所使用的技术手段与通信工具,都应当形成报告并向负责机构提交。基于这一角度,四步管理中的合规实现,包括了《合规审计标准980》(IDW PS 980)中的合规项目、合规交流及合规组织这三个要素。

4. 合规监督

合规监督主要是指如何处理违反合规行为的问题。此处存在所谓的零容忍原则和容忍原则的对立,但经验表明,容忍原则会导致合规管理几乎全部无效。合规监督的制裁范围延伸至民法和劳动法、刑法和秩序违反法及公法。与《合规审计标准980》(IDW PS 980)的流程不同,第三步必须和优化工作分开进行,因为"不合规"(non-compliant)行为的法律后果是这一步的重点。

5.合规优化

第四步是合规循环的最后一步,即评估所采取的合规措施是否合适,并考虑如何改善合规系统。此处的重点在于维护合规系统所要实现的目标,具体而言,有以下几个方面。这些方面在《德国公司治理法》及《社会责任指南》(ISO—26000)中均有涉及,并被表述为"变革管理和信息管理":

(1)澄清法律规则和价值规则(意识强化和意识改变);

(2)形式化与标准化(法律安定性的要求);

(3)方案化(创设一个完整的管理系统);

(4)透明(措施明确易懂);

(5)预防(降低风险与避免责任);

(6)稳定化(持续的企业稳定);

(7)资格预审(开拓新市场的前提);

(8)优化(根据"良好或最佳实践"标准保障质量)[①]。

四、法学方法论的途径

(一)文献中的分歧

任何人想从法律方法上评估合规,都必须先详细阐明法学方法论的

---

① 详细内容参见 *Stober*,DVB1.2012,397 有进一步的证明。

讨论现状。现有文献已表明，法学方法并不是一个可以明确定义的概念，而是一种以方法规范为基础的学术基本态度。[①] 这也是法学领域并没有就方法论的核心要素和适用领域大小等问题达成共识的原因。[②] 相反，只有将法学方法理解为多层次且富有生命力的，并开放地接受新思维方式的一幅图景，才能达成广泛共识。[③] 这里一个典型的例子是从调控学角度丰富方法的讨论。[④] 归根结底，现代意义上及未来具有生命力的方法论取决于对它提出的要求。这些都是方法论所追求的目标。那么，法学方法论应当承担什么呢？

（二）法学方法论应当承担什么？

法学方法论的核心是法律秩序以及寻找一个运作良好的法秩序模式。[⑤] 这项任务最初由经典的法学方法承担，值得称颂的是，除了法律解释，经典的法学方法还为系统分类、法律制度的形成以及法律化（Verrechtlichung）奠定了基础。[⑥] 然而，法学方法的高歌猛进也导致了法学理论的贫瘠，由于传统法学方法过度关注实体法，而与其他重要知

---

① 参见 *Appel*，Das Verwaltungsrecht zwischen klassischen dogmatischen Verhältnis und steuerungswissenschaftlichem Anspruch，in：VVDStRL 67（2008），226，235 有进一步的证明。

② 有关方法论的历史发展见 *Schröder*，Recht als Wissenschaft，2. Aufl. 2012。

③ 类似的观点参见 *Appel*，Das Verwaltungsrecht zwischen klassischen dogmatischen Verhältnis und steuerungswissenschaftlichem Anspruch，in：VVDStRL 67（2008），228。

④ 详细内容参见 *Voßkuhle*，in：Hoffmann-Riem/Schmidt-Aßmann/Voßkuhle（Hrsg.），Grundlagen des Verwaltungsrechts I，2. Auflage，§ 1 Rn. 18 ff。

⑤ *Stober*，in：Wolff/Bachof/Stober/Kluth，Verwaltungsrecht I，13. Auflage 2014，§ 2 Ⅵ.

⑥ 行政法视角的内容参见 *Stober*，in：Wolff/Bachof/Stober/Kluth，Verwaltungsrecht I，13. Auflage 2014，§ 2 Ⅱ 2 und § 2 V 3 中有进一步的证明。

识来源断了联系。① 从今天的角度看,方法论的适用领域应当被拓展,以避免从一开始就排除某些特定的方法和理论发展。方法论必须从所有可想到的角度归纳、调查、处理和解决法律的各种问题、相关领域、表现形式及制订方案等。尤其是法学理论的渗透绝不能局限于法学的话题,相反,从研究的角度看,存在一种高度的元法学责任,这种责任反映在学科内、学科间、多学科、跨学科及国际性的研究结果中,以便从其他学科领域、法系和方法学中获益。② 这种所谓的整合方法③克服了历史上已经人为完成的学科分离④,考虑到法学作为一门真正的科学⑤的作用,以及其作为依法制定为导向的行为及决策科学⑥的作用。除此之外,这种整合方法致力于法律的效率、合目的性及成效的研究,这是通过评价确定的,同时也是在标杆分析法(Benchmarking)意义上实现优化法律体系目的的改革基础。为此,它采用了企业管理学的方法,包括已被公认的管理概念和组织概念,从而形成了善治和公

---

① *Appel*, Das Verwaltungsrecht zwischen klassischen dogmatischen Verhältnis und steuerungswissenschaftlichem Anspruch, in: VVDStRL 67 (2008), 240.

② 参见 *Hoffmann-Riem*, JZ 2007, 645 ff.; *Voßkuhle*, in: Hoffmann-Riem/Schmidt-Aßmann/Voßkuhle (Hrsg.), § 1 Rn. 37 ff.; Stober (Fn. 18), § 2 Ⅱ 3, § 2 Ⅴ 4 und § 2 Ⅵ 3 und 7; 还有学术委员会对法学的要求可参见 FAZ v. 10. 11. 2012, Nr. 263, S. 4; sowie in NJW-aktuell, Heft 49/2012, S. 10。

③ 类似的观点参见 *Trute/Pilniok*, in: Mehde/Ramsauer/Seckelmann (Hrsg.) FS Bull, 2012, 849。

④ *Möllers*, in: Hoffmann-Riem/Schmidt-Aßmann/Voßkuhle (Hrsg.), Grundlagen des Verwaltungsrechts, Band I, 2. Auflage, § 3 Ⅳ.

⑤ *Appel*, Das Verwaltungsrecht zwischen klassischen dogmatischen Verhältnis und steuerungswissenschaftlichem Anspruch, in: VVDStRL 67 (2008), 228; *Voßkuhle*, in: Hoffmann-Riem/Schmidt-Aßmann/Voßkuhle (Hrsg.), Grundlagen des Verwaltungsrechts I, 2. Auflage, Rn. 32.

⑥ *Voßkuhle*, in: Hoffmann-Riem/Schmidt-Aßmann/Voßkuhle (Hrsg.), Grundlagen des Verwaltungsrechts I, 2. Auflage, Rn. 15 und Rn. 29 ff.

司治理的调控学模式[1]，这种模式最终是基于法律的经济分析和社会学分析，并且具有道德基础的价值体系，没有这些，任何法学方法都是空的。[2] 因此，治理方案的前景广阔，因为它关注规则结构而且与国际接轨。[3] 在这样宽广的背景下，一种开放的法学模式必须满足以下目的：

(1)秩序目的；

(2)合理化目的；

(3)标准化目的；

(4)一体化目的；

(5)发展目的；

(6)距离目的。[4]

---

[1] *Trute/Pilniok*，in：Mehde/Ramsauer/Seckelmann（Hrsg.）FS Bull，2012，S. 849；*Appel*，Das Verwaltungsrecht zwischen klassischen dogmatischen Verhältnis und steuerung swissenschaftlichem Anspruch，in：VVDStRL 67（2008），241 ff.；*Eifert*，VVDStRL 67（2008），286，293 ff.；*Stober*，in：Wolff/Bachof/Stober/Kluth，Verwaltungsrecht I，13. Auflage 2014，§ 2 V 5 d.

[2] *Stober*，in：Wolff/Bachof/Stober/Kluth，Verwaltungsrecht I，13. Auflage 2014，§ 2 Ⅲ 2 und § 2 V 6；*Voßkuhle*，in：Hoffmann-Riem/Schmidt-Aßmann/Voßkuhle（Hrsg.），Grundlagen des Verwaltungsrechts I，2. Auflage，Rn. 28.

[3] *Appel*，Das Verwaltungsrecht zwischen klassischen dogmatischen Verhältnis und steuerungswissenschaftlichem Anspruch，in：VVDStRL 67（2008），245.

[4] *Stober*，in：Wolff/Bachof/Stober/Kluth，Verwaltungsrecht I，13. Auflage 2014，§ 2 Ⅵ.

五、合规是另一种方法模式吗?

(一)合规是补充和替代方法吗?

合规环境的描述以及合规概念作为补充或者替代的法律方法在方法理论中可以发挥其作用,从中可以得出什么结论呢? 到目前为止,合规管理和组织体系主要是作为额外的审计与控制添加到现有法律秩序中的。就此而言,合规作为知识来源,能在某些领域补充和丰富方法论(补充功能)。与此同时,合规也得益于个别法学方法的使用,比如解释论。但是,无论两者之间的关系如何,下面将探讨反向的问题,即合规是否可以成为调控法秩序的替代模式,是否可能在法学理论中发挥方法上的主导作用。这是否可能,由各自目标的兼容性和一致性来判断,这些目标必须增加更多的优势。

(二)合规方法的效用功能

1. 合规作为调控学概念

与法律方法相比,合规的优势在于学界并没有就哪种方法更可取产生持久的学术争议。这也不足为奇,因为较之传统和现代的方法论,合规具有明确且统一的结构,除了难以确定合规是分为七个要素,还是如本文所述分为四个步骤并形成封闭系统这一问题外,合规涉及法秩序所有方面和目的。稍加回顾,合规模式以一个整体方案为基础,用于解决法学方法论及调控学要求研究的对象的所有方面。因为,合规也涉及分析和制定法律、实施和适用法律、执行和评估法律[1],以及进一步发展法律,从而在整体上解决基本的法秩序问题。和传统学说相比,合规的优势还在于,它将法秩序理解为一个过程和循环,人们据此可以使用完备的工具和技术进一步探索不断更新的循环。在调控学的意义上,合规制度在方法上的效用功能体现在,它提供了一个新的方式,用于分析问题和解决问题。

2.合规作为行为概念

合规是为公司发展而量身定做的,这看起来似乎是种劣势,但仔细考察就会发现,合规模式具备极强的普遍化能力,因而也适宜方法化。因为,与之相关的概念不仅适用于国家及其表现形式和分支部门[2],而且也适用于所谓的第三部门。[3] 如果还考虑以实现良好的公司管理及善治为目的,那么基于上文所述的整体性,合规成果明显可以转移到普遍方法学的适用领域。此外,合规体系还具有私人—社会方面的特点。合规不仅针对企业家本身或是企业管理层,还针对所有与之存在法律关系的员工、供应商和客户。因此,合规规制的对象范围十分广泛,它们几乎参

---

① *Silverman*, Compliance Management for Public, Privat or Nonprofit Organizations, 2008, New York, S. 267f.

② *Stober*, DVBl. 2012, 391 ff.; *Stober/Ohrtmann* (Hrsg.), Compliance, Handbuch für öffentliche Verwaltung, Stuttgart, 2014.

③ *Stober*, in: Schmidt-Trenz/Stober (Hrsg.), Jahrbuch Recht und Ökonomik des Dritten Sektors 2011/2012, Compliance im Dritten Sektor, S. 9 ff.; 以及参见 *Silverman*, Compliance Management for Public, Privat or Nonprofit Organizations, 2008, New York, S. 289 中的小标题。

与到合规系统的各个阶段。这部分的重点是增强合规意识,并在必要时改变行为,以实现更正规、更安全的业务并避免受到制裁。如果将这一任务抽象为法秩序的方法论核心内容,那么其最终目的是创造正规的、具有安定性的法律,促进法律关系以及优化法律秩序。

3. 合规作为普遍的方法论概念

与法学方法论的其他表现形式相比,合规模式的另一个优点在于它被广泛接纳。这一点有以下几个方面支持:第一,合规体系在短时间内已经发展为一个被普遍接受的概念,最典型的是在马丁·T. 比格尔曼(Martin T. Biegelmann)所著的《建立一个世界级的合规项目》一书中的阐述。合规已经从美国法领域扩展到欧洲,现在还影响到亚洲,这就是合规的特殊成就。① 在此,国际知名公司发挥了先锋作用,他们将合规标准当作"普遍行为准则"而成为企业文化和价值理念的一部分②,这些准则就是上述《ISO/DIS 19600 合规管理体系指南》的内容。这一点证实,合规方法成功地克服了各个不同形态的法系的障碍,从而为分析法律秩序和解决法学问题做出了开创性的贡献。

4. 合规作为跨学科的方法论概念

另外,合规体系不仅仅停留在法学领域,它更是一个具有跨学科性的概念。这尤其适用于管理模式的核心要素,即上文所述的四步法,合

---

① *Urbach*,Compliance bei unternehmerischem Engagement in der Volksrepublik China,2012.

② *Wieland*/*Steinmeyer*/*Grüninger*(Hrsg.),Handbuch Compliance Management,2010,S. 699 ff. und detailliert S. 617 ff.

规已经迅速发展成为技术科学和企业管理的通用标准。[1] 这种共识在德国标准化学会和国际标准化组织的规范中得到了体现,尽管这些规范是建议性的[2],但是所有相关方都参与了规则制定和深入发展,因此德国标准化学会和国际标准化组织的规范享有很高的声誉。跨学科有助于更好地理解学科,因而这种方法适合一般化,这无须进一步解释。在这种情况下,也不能忘记合规模式的道德要素,道德要素至少在合规讨论中发挥了部分作用,例如"值得尊敬的商人"这一法律形象。在合规概念中融入价值是在跨学科层面和方法层面的一种重要的丰富和发展,这种融入价值的做法在传统法学方法和调控学理论中都十分谨慎。针对法律效力,也可以做出类似的说明,这是合规系统第三和第四阶段的固定组成部分,因为法律规则的结果会被自动检查、整理和评估,以便得出改进规范格局和相应配套措施的反馈结论。这类例子还有很多,它们都深刻表明,合规系统的广泛运用在方法上优越于目前为止讨论的其他方案。

5.合规作为实践导向的方法论概念

毕竟,合规具备法学方法论所不具备的优势,同时,合规模型已经成为经济实践中一个核心范畴,而调控学方案还没有在行政实践中确立自己的地位。一方面,合规肯定也来源于股东、法院及监管机构的压力;另一方面,合规系统是建立在结构良好和切实可用的原则之上的,这些原则很容易纳入业务进程。公司依靠这种日常适用性来确保合法合规及良好的公司治理,而不会遇到重大的官僚障碍。企业实践造就了丰富的

---

① DIN ISO/IEC 27001;《核电厂安全管理系统基本原则的公告》29.06.2004 BAnZ Nr. 138;BMI(Hrsg.);《保护基础设施安全的国家计划实施方案》第 12 页。

② BGHZ 139,16.

经验、措施及过程,这些不仅具有实践意义,而且还能为方法理论提供例证材料。公司作为内部准则的制定者、法律的组织者和传播者、监督及制裁的机构,还有公司法律秩序的优化者和革新者,其作用和功能可想而知。上述内容和其他例子都缔造了一个法律事实环境,它能够作为一种真正的科学而有条不紊地融入全面的合规方法论中。

六、小结

合规并非方法上的灵丹妙药,但它是一个结构合理、通俗易懂的概念,合规能够很好地解释法律及其功能,确保人们更充分地理解法律,获得并努力实现法秩序的要求以及让法律制度获得更高的接受度,并使基本问题能在此体系下得到处理、分析、实施和优化。就此而言,合规管理系统从方法论层面提供了整合知识兴趣和解决方案视角的机会,尤其是最近学界提倡的以调控学为基础的方法理论。同时,在四步法的范围内,根据需要增加更深入的观点来完善这些知识与方案,特别是在跨学科、全球化和实践对话推动演变下的合规概念,即便不能彻底革新迄今为止所提倡的方法途径,但完全有能力发展与演化已经被证明的领域,例如解释规则。

专题：合规理论与实务

"互联网＋"背景下信用风险的放大及其监管模式选择

——以预付式消费为中心的讨论

范良聪*

摘　要: 在融合了互联网因素之后,传统商业模式展现出一些全新的特征,体现出金融属性。本文以各类旨在构建"资金池"的互联网商业模式变化为切入口,试图概括互联网所带来的交易结构变迁的实质,提出一个可作为互联网电子支付手段与信用工具治理依据的一般框架,以应对"互联网＋"背景下商业模式创新带来的信用风险的急剧放大。互联网带来的交易结构变迁所导致的问题不在于信息不对称与交易地位

---

* 作者介绍:范良聪,浙江大学光华法学院教授,主要研究法律经济学、经济法,邮箱: flc1984@163.com。本文是 2021 年度浙江省软科学研究计划重点项目"中美经济贸易协议背景下浙江省电子商务营商环境优化研究"(项目编号:2021C25007)成果之一,同时受互联网法治研究院(杭州)2021 年度互联网法治重点研究课题支持。感谢浙江大学光华法学院章程副教授、宁波大学法学院徐伟副教授、上海交通大学凯原法学院硕士生胡寅在本文形成过程中的帮助与贡献。当然,文责自负!

不对等,而在于合约不完全导致的交易实施难题。互联网交易的特性使得一些原本在线下行之有效的实施机制失去作用,更容易引发道德风险行为,导致履行不能。鉴于此,一个妥当的监管体系应该以治理理论为依托,以公主体的第三方实施为根本,以事前弹性化的准入监管为着力点,兼顾事中的合规性监管和事后的严刑峻法,实现消费者权益的保护、金融安全与商业创新的兼容。

关键词:信用风险 预付式消费 金融信用工具 履行难题 第三方实施

一、引言

近年来,伴随着"互联网+"经济的快速发展,一些传统的法律问题呈现出全新的特征。比如,传统的预付式消费就借着互联网的东风发展出金融属性,引发一些远非传统商业信用关系可比的风险,破产跑路事件频发。① 现行规范大都没有考虑到这种变化,即便有所考虑,也显得零散被动,难以从根本上捕获这些现象背后的法律关系,难以在促进商业创新、保障金融安全与维护消费者权益之间找到平衡。随着"互联网+"理念与各行各业的深度融合,可以预见,未来基于互联网的商业模式创

---

① 中国消费者协议 2021 年 2 月发布的《2020 年全国消协组织受理投诉情况分析》中认为,办卡等预付式消费已成为投诉顽疾。部分不法经营者通过预付式消费模式恶意套取资金跑路的趋势愈演愈烈,不仅损害广大消费者的合法权益,而且容易引发群体投诉,对经济秩序和社会稳定造成严重危害。详见 http://www.cca.org.cn/tsdh/detail/29923.html,2021 年 12 月 9 日访问。

新将层出不穷。这不禁令人思考,这些新兴的商业模式在法律上到底应该如何定性? 互联网是否给传统的法律关系带来了实质性冲击? 如果是,法律应该如何应对调整? 显然,如果这些问题没有得到良好的解决,不仅不能保护消费者权益,甚至会危害到互联网经济的良性健康发展。

鉴于此,本文以预付式消费这类旨在构建"资金池"的互联网商业模式变化为例,探讨互联网带来的交易结构变迁的实质,并结合现有的法律规范对预付式消费的定性,讨论现行规范是否足以应对互联网时代的新问题和新变化;如果不能,又应该如何改变。与以往纯粹关注预付式消费的研究不同,本文试图从互联网交易结构的变化这一视角切入,提出一个可作为互联网电子支付手段与信用工具规制依据的一般框架,以应对"互联网＋"背景下商业模式创新所带来的信用风险的急剧放大这个问题。

二、"互联网＋"有何不同?

(一)类案的引出

随着我国互联网经济的迅速发展,"互联网＋"这一概念已深入人心。从这一概念被提出,到正式的政策文件形成,不过短短几年时间。市场上,从传统的零售、服务、制造,到新兴的大数据、人工智能、云计算,各领域都打上了互联网的烙印。"互联网＋"的发展理念好似拥有点石成金般的魔力,凡是搭上这股春风的行业,都重焕生机。也正是在这一经济形态的带动下,中国经济克服了全球经济多年低迷的困境,持续保持较高速度的增长。① 疫情期间,互联网经济更是在稳增长、促改革、调结构、惠民生、防风险等方面发挥了重要作用。

然而,互联网在带来巨大经济红利的同时,也深刻改变了商业运行的模式,引出不少新的矛盾和纠纷。以预付式消费为例,2017 年,上海市消费者权益保护委员会接到众多消费者关于悦行信息科技(上海)有限公司(布拉旅行)不履行约定的投诉,消费者集中反映的是布拉旅行通过各种互联网渠道,低价招揽顾客,并以预收款的方式销售旅游产品。在消费者向其确认具体行程时,该公司以种种理由拒不履行合同约定且迟迟不予退款,相关投诉在短短 1 个月间达到 4800 余件。2018 年 1 月 19 日,上海市消保委官网发布 2018 年第 1 号投诉公告,披露了在线旅游 App 布拉旅行因为预约难、承诺无法兑现而引发消费者集中投诉的消息。2018 年 3 月 5 日,浦东新区人民检察院依法以涉嫌合同诈骗罪对犯罪嫌疑人批准逮捕。据司法审计,该案涉及 1.6 万名受害者,涉案金额达 1.56 亿元人民币。②

从商业上看,布拉旅行采用的实际上就是互联网中常见的“拼团”模式。借助互联网聚集起来的大批消费者,布拉旅行得以实现批量采购,从而压低产品和服务的价格;进而,因为性价比高,布拉旅行又吸引了更多的消费者。然而,因为过分压低拼团价,使得产品价格远低于市价乃至成本价,布拉旅行就得寻找其他利润来源。为此,布

---

① 依据最新发布的《全球互联网发展报告 2019》,全球 50 大互联网上市企业中,中国有 10 家,仅次于美国;同时,在电子商务与移动支付两大领域,中国持续处于全球领军地位。载 https://news.hexun.com/2019-10-24/198980008.html,2019 年 10 月 24 日。

② 陆依婷、刘浩:《上海市消保委发布十大消费侵权案例》,载《广西质量监督导报》2018 年第 7 期。

拉旅行采取了"预售＋预约"的模式。消费者为了获得潜在的折扣，就需要预付价款；不仅如此，在预付价款之后，还需要进行出行预约。借助这种模式，布拉旅行得以建立起一个"资金池"，并对这个"资金池"作通盘考虑，在不同产品线、不同时段消费者缴纳的预付款之间进行相互补偿。

目前，采取这种"先预付、后交付"模式打造"资金池"，然后在确保现金流不断裂的基础上展开商业运营的互联网企业不在少数。大部分打着"共享"旗号的商业模式的核心都在于此。这种模式无疑有其效率。它借助规模经济和外部经济提升了资源配置效率，降低了企业成本和产品价格，最终实现消费者与经营者的双赢。然而，这种模式同样潜藏巨大风险。这首先是来自经营者资金流断裂的风险。近些年"爆雷"的英语培训行业就是一例，因为新收的预付款无法应付迅速扩张导致的开支增长，企业现金流陷入枯竭，最终走向亏损。同样的，这几年频频出事的长租公寓领域也是出了同样的问题。①

在经营风险之外，这种模式隐藏的更大风险来自人性的恶，也即所谓的道德风险。当一个产品，不论是因为其实质上的吸引力还是包装出来的吸引力，借助互联网迅速积累起庞大的消费者群体，进而通过商业模式创新建立起一个巨大的"资金池"，很难想象有人经得起这个诱惑。一旦监管缺位，这时所谓的企业家想的常常不再是如何扩大经营规模、做大做强，更不用说风险控制了；他们想的很可能只会是如何转移资金。从 2017 年开始频频跑路的网贷平台不断地验证了这一朴实的道理：人，是经不起诱惑的。

---

① 参见《长租公寓爆雷 租客和房东如何维权》，《株洲日报》2020 年 11 月 28 日第 A3 版。

其实,这种模式中潜藏的风险并非一种新生事物。在线下,这种模式一直是消费者投诉的重灾区之一,并持续受到监管部门的重点关注。[①]问题在于,因为互联网的介入,这类商业模式交易结构的性质发生了实质性转变,从而导致相关风险的性质与程度皆发生了根本性的变化。那么,互联网交易到底带来了什么改变呢?

(二)互联网交易的特性及其影响

1. 一般观点及其误区

通说认为,互联网给交易带来的变化主要体现在两方面:一是强化了交易双方信息的不对称,二是强化了交易双方地位的不平等,从而使得消费者的权益更容易受到侵害。[②] 沿着这一思路,在应对相关问题时,强化信息披露或明示义务、约束经营者行为等方式就获得了青睐。然而学理上,这一逻辑存在跳跃,因为线下也存在同样的问题,甚至更为严重。可以说,恰恰是因为更好地解决了这些问题,线上交易才能获得如此迅速的发展。[③]

[①] 我国《消费者权益保护法》第五十三条专门对预付款相关问题做了规定。近年来,这一块一直被列入监管部门每年的工作重点。

[②] 参见姚志伟:《系列解读二:线上线下融合背景下〈电子商务法〉适用范围探讨》,商务部网站电子商务法专题解读,载 http://www. mofcom. gov. cn/article/zt_dzswf/ImportNews/201901/20190102828939. shtml;李适时:《关于〈中华人民共和国消费者权益保护法修正案(草案)〉的说明》,载《全国人民代表大会常务委员会公报》2013 年第 6 期。

[③] Avi Goldfarb, Catherine Tucker, Digital Economics. Journal of Economic Literature, 2019,1;3-43.

第一，线下交易中一样存在信息不对称问题。为了解决该问题，线下出现了广告、口碑等降低搜寻成本的方式，线上也是如此。然而相比线下，线上广告投放的效率在大数据算法和搜索引擎的帮助下大幅提升，定向推送、大范围比较这种在线下不可想象的模式在线上轻而易举。与此同时，线上交易中发展起来的消费者评价体系使得原本线下只能在小范围内口口相传的好评和声誉得以迅速扩散，使得消费者搜寻产品和价格信息的成本迅速降低。

不仅如此，通过以集中化交易替代分散化交易，线上交易的匹配效率飞速提升。线下交易大都是通过分散化的方式组织起来的，匹配成本极高。假定有 n 个买方、m 个卖方，那最多就需要 n×m 次为了匹配而开展的分散搜寻。为了提高匹配效率，一些企业家把交易双方组织在一起，建立交易场所（marketplace），比如集市、超市、一站式采购中心乃至证券交易所等。如此，潜在的交易者就不再需要逐一展开搜寻匹配，而是可以在有组织的交易场所中集中地获得交易方的信息并实现匹配。[①] 互联网时代来临后，几乎所有领域都在朝着集中交易的方向前进，各种平台经营者层出不穷；甚至，互联网本身已成为一个巨大的平台——这在以往是不可想象的。借助这些平台，搜寻成本迅速下降，匹配效率迅速提升。

第二，互联网不仅极大增进了搜寻和匹配的效率，而且极大提升了讨价还价的效率。线下的讨价还价成本很高，因为在议价过程中，如果没有替代选择的相关信息，或者替代选择不可及的话，交易双方面临的

---

① 用 2012 年诺贝尔经济学奖获得者阿尔文·罗斯的话来说，让一个市场变厚、变稠密是任何一个市场发展的首要条件。这也就是为什么集市、股票交易都不会一天到晚都开启的缘故之所在。参见罗斯：《共享经济：市场设计及其应用》，傅帅雄译，机械工业出版社 2015 年版，第 8 页及以下。

实质上就是单边或双边垄断的交易结构,导致议价很容易演变成一个漫天要价、就地还钱的漫长过程。与此相反,线上的议价过程发生了根本转变,因为替代选择常常就是一次点击或者一次搜索的事情。除此之外,线下的议价过程还很容易受到消费需求的个性化及有限理性、法律风俗等约束条件的影响;而在线上,交易过程变得简单、标准、程式化,议价费用也因此迅速下降。

综上,互联网的出现对于撮合交易而言无疑益处极大。它不仅显著降低了搜寻成本,提升了匹配效率,而且消除了许多议价障碍,从而极大地拓宽了交易范围。也正是在这个意义上,线上交易与线下交易的关键差异不在于交易伙伴的搜寻与匹配中存在的信息不对称,也不在于交易议价过程中存在的地位不平等。

2.问题的关键:交易实施方面的新挑战

那么,线上交易带来的变化到底是什么呢? 沿着合约理论的视角,任何交易,无论线上线下,其顺利完成都需要历经三个阶段:首先是交易伙伴的搜寻与匹配,其次是交易方之间的讨价还价,最后是交易的实施。互联网带来的交易结构的变化正体现在交易的第三阶段也即交易的实施上,这些变化源自互联网交易的两大核心属性——一次性、远程性。[1]

互联网企业与消费者之间的大多数交易都是一次性的、远程的。

---

[1] 据统计,在淘宝所分类的 28 个行业中,仅有 8 个行业的重复购买率超过 50%;多次购买的比例就更低了。参见:http://www.wangjubao.com/wenzhang/245812403255. 与这里的概括关注于交易中博弈结构的变化不同,杨立新教授就把网络交易的特征概括为虚拟性、广泛性、新颖性和变动性四个方面,后文会涉及广泛性。参见杨立新:《网络交易法律关系构造》,载《中国社会科学》2016 年第 2 期。

于是,线下交易所依赖的基于重复博弈而实现的对商家机会主义行为的约束机制在这里就失去了作用。在重复博弈很重要、声誉很重要的交易环境中,经营者在决策时一般会考虑前期的专用性投资是否能收回,短期的掠夺式策略是否划算,是否会影响自己的社会形象进而在其他社会活动中遭到排斥。而在线上,因为客户可以得到迅速补充,商业行为也不大会影响到社会形象,经营者就可能变得短视,甚至选择背叛。

确实,在这个过程中,互联网也发展出了一些有效的手段来克服实施难题,比如第三方支付与保证等。不仅如此,甚至可以说,线上第三方实施机制的效率要高于线下的第三方实施机制。这是因为,在线下,消费者出于各种原因并不一定能够完成举证责任;于是,本着谁主张谁举证的原则,消费者权益的保护便很容易陷入困境。① 而在线上,因为互联网技术的应用使得交易过程实现了全记录,这就使得证据链条得到了更好的固定,从而显著缓解了实施过程中的信息难题。实际上,也正是借助于这些信息,知名的电子商务平台大都发展起了一套有效的纠纷解决机制,并以此来构建平台的核心竞争力。

尽管如此,线上发展出有效的第三方实施机制的平台并不普遍。大多数线上交易与线下一样,主要还是依赖于经营者的自我约束,尤其是建立在声誉、信用上或是考虑未来利益情况下的自我约束。可是,声誉机制的作用效果取决于一个有效的声誉评价和传播体系。② 在线下,这

---

① 确实,法律可以反过来规定以举证责任倒置为原则,但是这又会导致经营者负担加重进而产品价格的上升,最终同样无助于消费者福利的提升。

② 这也是为何《电子商务法》会强调"建立健全信用评价制度",并在第三十九条等条款中就此作出规定的原因所在。

常常是通过两种路径实现的:一是改变博弈结构,建立起重复博弈的预期;[①]二是把经济交易嵌入社会交往中,增加约束力。[②] 而在线上,博弈结构的转变与交易的虚拟化使得这两条机制很难发挥有效作用。结果,在正式与非正式的第三方实施机制缺位或不健全的那些领域,线上交易的实施难题迅速凸显出来。

3. 问题的恶化:风险的放大与实施难题性质的变化

更麻烦的是,在互联网某些属性的加强下,这种实施难题导致的风险不仅量级发生显著变化,而且性质也出现了根本性的转变。

第一,相比于线下交易所面对的对象,线上经营者面对的交易对象要广得多。[③] 借助互联网技术,经营者聚集用户的能力已不再受时空的限制,可以通过各种渠道连接交易对象,使得每次交易都卷入成千上万的交易者。在这样一种交易结构中,经营者决策时面对的收益结构也随之发生了巨大的变化,其选择激进经营或者背叛的收益迅速提升。以预付式消费为例,一方面,作为高效的融资通道、类期货合约,预付式消费会激发商家做出超能力预售决策,导致企业债务规模扩张速度超

---

① 这也就是社会信用体系重要的原因之一——社会信用体系可以让博弈结构迅速转变为重复博弈。而一旦进入重复博弈,那么声誉与触发策略、针锋相对、相机权衡等策略都可以迅速改变博弈均衡,让合作成为均衡解。参见 D. Kreps, P. Milgrom, J. Roberts and R. Wilson, Rational Cooperation in the Finitely Repeated Prisoner's Dilemma. Journal of Economic Theory, 1982, 27:245-252; R. Axelrod, The Evolution of Cooperation. New York: Basic Books, 1984; M. Nowakand, K. Sigmund, A strategy of Win-stay, Lose-shift that Outperforms tit-for-tat in the Prisoner's Dilemma Game. Nature, 1993, 56-58:364.

② 有关隐性合约理论的讨论可参见 G. Akerlof, Labor Contracts as Partial Gift Exchange. Quarterly Journal of Economics, 1982, 97:543-569.

③ 也即杨立新教授所说的互联网的广泛性。参见杨立新:《网络交易法律关系构造》,载《中国社会科学》2016 年第 2 期。

过产品或服务供应能力,透支信用基础;另一方面,一旦预付式消费策略取得成功并因此筹集到大量沉淀资金,企业经营决策的意愿就可能改变——从可持续发展变为寅吃卯粮,乃至想方设法转移资金。这一点典型地反映在线上线下相关案件涉案人数和金额数量级的巨大差异上:线下涉及上千人、上千万元金额的案子已算大案要案;[1]而在线上,涉及上万人乃至数十数百万人、上亿元乃至数十数百亿元金额的案子也不少。[2]

第二,线上还出现了线下交易中少见的杠杆效应,进一步放大了风险。以押金为例,作为一种商业信用,押金内生地隐含着信用风险。在线下,这种风险主要来自押金的退还,不管经营者是故意还是经营不当;而在线上,预缴押金潜藏的风险已经超越商业风险的范畴。因为经营者可以借助刻意的安排,通过对押金的占有而取得资金的所有权,并在此基础上混同各类资金、展开运作,因此这里已牵涉到金融风险。以共享单车为例,一方面,租赁物和押金的分离使得单个租赁物上存在的押金迅速上升[3],乃至于数倍于租赁物的经济价值,使得押金不仅仅是一种担

---

[1] 比如 2019 年暴雷的韦博英语事件,载 https://www.sohu.com/a/346275405_712322,2019 年 10 月 11 日。

[2] 比如前文提到的布拉旅行案。如果可以获得统计数据的话,我们预计,线上因为预付式消费导致的纠纷的涉及面与金额比例都要显著高于线下。与此同时,依据网上观察到的资料还可以预计,线下预付式消费导致的纠纷大都是源自第一类风险,也即商业运营中的风险;而线上预付式消费导致的纠纷有很大一部分来自道德风险,也即卷款跑路。

[3] "押金"是生活中人们普遍采取的一种说法,但在法律定性上,用户交纳的资金是否属于法律上所称的担保物权,存在不同意见。概言之,有抵消预约说、债权说、担保物权说(又可细分为动产质权说和让与担保说)等。从司法裁判来看,采抵消预约说的判决较多,也有判决采动产质权说。前者参见岳阳中恒华里酒店管理有限公司、岳阳海博网络科技有限公司房屋租赁合同纠纷案,湖南省高级人民法院(2019)湘民申 5605 号民事判决书;后者参见刘颖诉沈阳国安电气有限责任公司租赁合同纠纷案,辽宁省沈阳市沈北新区法院(2017)辽 0113 民初 9729 号民事判决书。本文无意在此法律问题上展开讨论,仅在日常生活意义上将押金作为一种担保方式。

保手段,产生了"资金池"的金融属性。① 另一方面,一旦经营者陷入经营困境,因为退出成本的存在,其首选策略常常是隐瞒自己的支付能力,一边转移资金、锁定自身风险,另一边卷入更多的接盘者,转移信用风险。这就使得风险爆发的时间推迟,但也因此扩大了风险涉及面,使得风险一旦爆发就影响深远。最后,因为借助互联网,资金的流转速度迅速上升,杠杆效应进一步加大。

第三,线上风险的放大还体现在线上实施难题的性质发生了根本性的变化。这主要体现在两个方面:一方面,是风险发现的不能以及履行的不能。在线上,操作过程的黑箱使得信息隐瞒问题很容易出现,由此导致的发现难度就会上升,交易的实施就会面临更大风险。② 另一方面,在线下,预付式消费潜在的风险主要体现在押金和预付金退还难方面。为了保护消费者权益,《消费者权益保护法》等还为此做了专门的规定。而在线上,关键已不再是退还难,而是退还不能。因为涉及的资金规模过大,线上交易一旦出问题,经营者常常就会陷入履行不能的境地,即便司法及时介入也无法展开救济。换言之,线上交易实施难的关键已不再是传统意义上的执行难或者执行缺位,而是即便存在高效的执行系统,也可能遭遇发现不能和履行不能的难题。也因此,如后文所言,这里需要考虑的核心问题应从事后救济转向事前预防和事中监管。

---

① 这一点已为法学家所认识。参见徐宏:《共享单车"押金池"现象的刑法学评价》,载《法学》2017 年第 12 期。

② 张翔和邹传伟以温州会案为例,对这个过程做了生动细致的刻画。参见张翔、邹传伟:《信息隐瞒、信息甄别和标会会案——以春风镇标会会案为例》,载《金融研究》2009 年第 12 期。

综上,互联网所具有的一些特性,尤其是这些特性导致的变化使得交易的实施难题凸显出来,实施方面风险的量级与性质皆发生了根本变化。对此,既有法律如何考虑,又应该如何考虑呢? 下面便以预付式消费为例,展开讨论。

三、法律定性:以预付式消费为例

(一)法律性质上的新特征

线上出现的预付式消费模式可谓多种多样,如预付款、预付卡、电子钱包、虚拟账户、定金、押金,等等。其实,这种模式在线下就已十分成熟,俗称"办卡",常见的场景有美容美发、健身娱乐、餐饮休闲、教育培训、汽车装潢等。根据国务院办公厅发布的《关于规范商业预付卡管理意见的通知》中的相关表述,消费者在线下办理的卡称为商业预付卡,以预付和非金融机构发行为特征,体现的法律关系是消费者根据经营者提供的营销内容,与经营者订立先付费、后获得商品或服务并进行结算的合同。根据发卡人的不同,商业预付卡分为两类:一类是专营发卡机构发行,可跨地区、跨行业、跨法人使用的多用途预付卡;另一类是商业企业发行,只在本企业或同一品牌连锁商业企业购买商品、服务的单用途预付卡。

尽管线下"办卡"时,经营者一般都会交付实体卡片给消费者,但随着互联网技术的发展,实体卡已逐渐消失,被虚拟卡或个人账户所替代。

同时,各种各样的卡、券、票、钱包、账户等凭证载体也随之涌现。[①] 因此,以预付卡来指代这种商业模式背后的法律关系已经不足以覆盖所有形式。为了更好地把握这种模式背后的法律性质,本文以"预付式消费"来指称此种商业模式,以预付凭证来指代研究的法律对象。[②] 之所以对这些法律性质并不相同的对象作统一考虑,是因为这些对象的法律性质因涉及金钱这种一般等价物而趋同,且出现了一些共同的属性。[③]

以押金和预付金为例,根据《最高人民法院关于适用〈中华人民共和国民法典〉有关担保制度的解释》第七十条的规定,可以通过"专门的保证金账户"设立担保物权。因此,对于押金这样一种以金钱作为担保财产的预付凭证,区分其是债权还是物权的标志,就在于押金是否特定化。如果没有特定化,由于金钱具有一般等价物的特性,取得对金钱的占有往往意味着因混同而导致了对金钱的所有。换句话说,在没有特定化的情况下,因为金钱所具有的特殊属性,押金与企业其他资金之间很容易

---

① 典型的比如,电子商务经营者会在其平台为每位用户创设一个电子账户,用户通过第三方支付平台将资金充进账户中,但是充值数额常常有限制,且充值并消费后往往会有余额留在账户中。显然,这类电子账户因平台性质的不同可被认定为单用途或多用途预付卡。

② 参见王建文:《我国预付式消费模式的法律规制》,载《法律科学》2012 年第 5 期;赵云:《我国预付费消费合同法律规制探析——以消费者权益的法律保护为视角》,载《中国政法大学学报》2013 年第 2 期;王叶刚:《论预付式消费交易的法律构造》,载《现代法学》2015 年第 3 期;陈沛:《预付式消费:本质、问题与治理——兼评〈上海市单用途预付消费卡管理规定〉》,载《北方金融》2019 年第 1 期。

③ 比如除了即将讨论到的押金和预付金,预付款和预付卡内资金的法律属性就不完全相同。前者是价款的一部分,合同一方先行支付以表诚意,保证合同的顺利履行;而后者与标的物价格一般没有必然联系,也不是消费者提供的担保,而是一种对商家的信用授予,体现的是消费者与经营者之间的一种债权债务关系。前者只有一个合同关系,后者不是一个单一合同关系,而包含预约和本约两个合同:在预付卡发行环节,发卡人与购卡人成立了将来订立合同的意愿;在消费阶段,购卡人与发卡人或是商业企业订立合同要素完备的本约。参见王叶刚:《论预付式消费交易的法律构造》,载《现代法学》2015 年第 3 期;崔建远:《合同法》(第五版),法律出版社2010 年版,第 37 页。

实现混同,占有者可以所有权人的身份而自由支配"押金"。这时,押金与基于预售获得的预付金之间的边界便趋于模糊,只要用户提出退还请求时经营者能够退还给定的金钱即可。[①] 更重要的是,对于押金而言,企业在获得押金与退还押金之间存在时间差,甚至很多用户归还租赁物之后也不一定会申请退还押金;对于预付金而言,企业在获得资金与提供服务之间也存在着时间差。于是,在可作为某种跨期交易信用工具的特征方面,押金与预付金之间的边界就进一步模糊化了。

这种趋同显然值得监管者审慎对待,尤其是在"互联网＋"时代到来的背景下。借助互联网的广泛性和杠杆效应,经营者可以实现对无比广泛的非特定对象的发行,使得预付凭证背后所体现的法律关系超越区域和行业的边界,体现出宏观金融的属性——其中牵涉的资金规模会随着发行规模的增加而扩张,其背后牵涉的风险也会水涨船高,最终甚至可能影响到金融秩序和金融安全。前文总结的类案已初步说明了这一点。在这个意义上,对各类预付凭证法律关系的分析,已不能局限于民法的范围,还应从宏观角度考虑其金融属性。

从性质上看,预付凭证背后至少存在两重金融关系。[②] 首先,预付凭证具有类货币的属性。货币最基本的属性就在于它可以作为交易媒介、价值尺度、支付手段及财富储存的手段。尽管预付凭证不具有价值

[①] 这也正是共享单车行业遭遇资金风险问题之后监管部门采取特定化与其他规制的思路处理押金和预付金涉及的用户资金风险问题的主要法理依据所在,详见后文。

[②] 这一点也已经得到学者们的普遍承认,尽管不同学者对于预付式消费背后所体现的金融属性具体为何尚未达成一致。王建文:《我国预付式消费模式的法律规制》,载《法律科学》2012 年第 5 期;刘迎霜:《商业预付卡的法律规制研究》,载《法商研究》2012 年第 2 期;陈一新:《单用途预付卡金融异化、裁判反思与展望——基于 139 份案例的实证分析》,载《科技与法律》2018 年第 1 期;陈沛:《预付式消费:本质、问题与治理——兼评〈上海市单用途预付消费卡管理规定〉》,载《北方金融》2019 年第 1 期。

尺度的功能，但是作为一种可以在指定场所或领域使用的支付工具，其无疑已经具有支付手段的功能，有些还具有交易媒介的功能（比如电子游戏领域的虚拟币）。与此同时，预付凭证还可以作为财富储存手段出现。凭证持有人只要在凭证规定的有效期内持有凭证，就能保有其价值，这一点在多用途预付卡上体现得尤其明显。[①] 当然，预付凭证与货币（法币）依然存在一个本质差异，那就是，货币的发行需要有强大的国家权力和信用作为支撑。在这一点上，大多数商家，即使是全球最大的企业所发行的预付凭证可能也不具有国家这种集中意义上的信用，无法支持大范围、跨时间、无理由的兑付。因此，预付凭证严格意义上并不是货币或者《中国人民银行法》界定的代币，而只是类货币。尽管如此，预付凭证，尤其是具有高信誉主体发行的单用途预付卡和法律认定主体发行的多用途预付卡，无疑已经具有替代现金通货的能力，能够影响到市场上货币的流通体量和速度，从而影响金融秩序和货币政策有效性。

其次，预付凭证还是一种金融信用工具。预付这种交易模式出现的根本原因在于不同主体对于金钱的时间价值评价不同，从而使得主体之间出现了交易空间。也正因为存在这种非即时履行的性质，预付凭证本身就承载着一种商业信用，成为预付凭证发行主体向其他主体融资的一种工具。进一步地，一旦不同主体对预付凭证背后所承载的商业信用的评价不同，或是对预付凭证本身未来价格变化的预期不同，那就有了进一步交易的空间；一旦这种关于预付凭证的交易获得法律的认可和保

---

① 实际上，我国立法对于预付式消费模式的规制一开始就是冲着这种模式背后隐藏的腐败和洗钱行为，这典型地体现在 1991 年开始国务院相关部门发布的各种禁止发放、使用代币购物券的通知中。在 2011 年的《关于规范商业预付卡管理的意见》中，还是可见严禁国家工作人员特别是领导干部在公务活动中收受任何形式的商业预付卡的规定。

障,那预付凭证所承载的商业信用也就拥有了金融信用的性质,预付凭证也就成了一种金融工具。

在目前的法律体系中,预付凭证可以被认定为一种有价证券。在法律上,有价证券可依内容的不同分为以请求支付金钱为内容的现金证券和以请求交付物为内容的物品证券,前者以本票、支票、汇票为典型,后者则以仓单、提单等为代表。① 本质上,预付凭证与这里诸多类债权的有价证券已经十分接近。以预付卡为例,消费者的"延迟提货权"与预付卡本身紧密结合,不记名卡丢失则丧失权利,记名卡丢失必须通过挂失等程序才能继续行使权利;此种紧密关系说明,预付卡已具有有价证券的含义。特别的,多用途预付卡接近于这里的本票,只不过发行主体不是银行,而是人民银行批准的非金融机构;单用途预付卡接近于这里的提单,只不过发行主体不是承运人,而是商业企业。更关键的是,尽管预付卡的流通范围比《证券法》意义上的资本证券低得多,但是因为具有可转让性,因此具有成为即期或跨期交易工具的法律基础。②

综上,预付凭证所体现的已经不仅仅是民事法律关系。它既是一种债权债务凭证,也是一种类货币,更是一种金融信用工具,体现出明显的金融属性。借助这些凭证,所有者同样可以实现资金资源与信用资源的高效配置。随着互联网时代的到来,在互联网这么一个聚集了众多不特定主体的稠密市场上,各种应用场景的出现大大加强了预付凭证的这种金融属性。因为此时,不仅交易频率大大提高,交易不再受时空的限制,而且发行主体可以面对无所不在的非特定对象,或是建立

---

① 谢怀拭、程啸:《票据法概论》,法律出版社2017年版,第10页。

② 考虑网上流传的月饼券的故事。从其发行到流通到回收,这个过程可能完全不涉及月饼的买卖,但却顺利完成了一轮价值增值。

比线下大得多的"资金池",使得潜在的金融风险成为可能。是故,法律不仅要处理预付凭证所涉及的民事关系,还应规范预付式消费背后所涉及的金融属性及其可能引发的金融风险。这也就意味着以民事法律对预付式消费这种模式中潜藏的信用风险进行调整已经不够,需要有公权力积极主动的介入。

(二)既有规范的应对及其问题

从现实看,在市场经历了一段混乱期后,公权力也意识到了预付式消费领域存在的风险,并展开积极探索。这典型地体现在 2010 年以来颁布的若干部门规章和规范性文件中。2010 年 6 月,中国人民银行发布《非金融机构支付服务管理办法》。该办法不仅明确了备付金的法律属性,设定了发卡机构的准入门槛,而且引入实名制,对卡片类型、形式、用途等做了详细的规定,还引入了资本金比例制度。2011 年 5 月,中国人民银行联合六部委下发《关于规范商业预付卡管理的意见》,进一步强调了多用途预付卡的准入门槛和资格要求以及人民银行的监管职责,并借助实名登记、非现金购卡、限额发行等制度,展示了规范预付卡市场的决心。2016 年 8 月,商务部发布《单用途商业预付卡管理办法(试行)》,同样建立了发行主体、备案公示、用途限制、资金管理及限额发行等制度。在这些规范的基础上,2019 年,交通运输部等六部委又联合印发了《交通运输新业态用户资金管理办法(试行)》,对网约车、共享单车等行业的押金和预付金定性,并引入专户、限额发行、备付金、信息报告、联合监管等制度对发行行为进行了严格规范。这些新出的部门规章和规范性文件皆体现出公权力的介入和严格监管,尤其是通过引入一些旨在推进对象特定化的制度来限制预付式消费模式潜在风险的倾向。①

　　然而,且不论这些制度对于商业创新的影响,就其效果而言,似乎也值得怀疑。从司法裁判中看来,法官鲜少援引这些部门规章与规范性文件作为裁判依据,在与现行法律出现冲突时还会以这些文件效力较低且不属于效力性规范为由拒绝适用。② 在民事法律无以威慑其中潜在的道德风险行为时,司法机关又常常会走向另一个极端,援引或扩大解释某些刑事罪名来处理纠纷。③ 从市场的反应看,一方面,存在严格监管的领域虽然风险降低,但发展不尽如人意;④另一方面,监管失位之处又一直不断地重现着"爆雷"的惨烈状况。作为调整社会关系的法律,在现实面前显得如此苍白无力,这到底是什么缘故呢?

　　学理上,这种现象的出现当与规范未能把握社会现象的本质及其根源脱不开干系。这种把握的不充分又可能与我国目前机构分业监管的体制有关。在该体制中,通行的逻辑是,哪个领域出问题,主管机关便出面牵头联合相关部门展开行动,对其权限范围内的法律关系进行调整。这种监管体制必然导致新出台的监管规则常常只能覆盖很小的

---

　　① 在这些部门规章之外,《消费者权益保护法》第五十三条也做了一些原则性规定,不过如前所述,这种规定无法应对履行不能等问题。

　　② 陈一新:《单用途预付卡金融异化、裁判反思与展望——基于139份案例的实证分析》,载《科技与法律》2018年第1期。

　　③ 这在2019年最高人民法院、最高人民检察院、公安部、司法部联合出台的《关于办理非法放贷刑事案件若干问题的意见》中体现得最为明显。除了对非法经营罪作扩大化解释与适用,司法部门似乎已经找不到审慎包容监管的办法。实务界的这种态度与刑法学理论界一直秉持的刑法谦抑性原则和作为司法"最后一道闸门"的态度形成了鲜明的对比。见前引徐宏文。

　　④ 比如,在互联网非金融机构支付中,以多用途预付卡完成的支付占比极低,与快速发展的电子商务和第三方支付形成鲜明对比。依照统计,2018年我国第三方支付规模已经达到277.4万亿元,然而预付卡市场规模还不到2万亿元,载 https://news.hexun.com/2019-10-24/198980008.html,2019年10月14日。

调整范围,无法把握纷繁复杂的现实关系的根本。在很多事物和现象的性质已经发生根本转变的互联网时代,当这种监管模式被引到线上,其弊端就更为明显了——"头痛医头、脚痛医脚"不仅导致顾此失彼,使得监管机关成为救火队,而且常常伤害到互联网商业创新与市场的公平竞争。

以商务部发布的《单用途商业预付卡管理办法（试行）》为例,由于其中限定的发卡主体为企业法人,大量的其他主体就不受约束。[①] 同时,办法还以列举的方式界定了零售业、住宿餐饮业和居民服务业三个行业的调整范围,堵死了司法机关进行扩张解释的进路,使得很多预付式消费处在规范调整范围之外。此外,办法引入的若干制度要么很容易被"上有政策,下有对策"的应对策略架空[②],要么因为法律责任的设置太过简单、宽松,难以产生有效威慑。[③]

交通运输部等六部委联合发布的《交通运输新业态用户资金管理办法（试行）》亦存在类似问题。且不论该管理办法所调整的范围之有限,其中引入的监管制度与所谓的包容审慎监管、公平竞争原则也相去甚远。一方面,为了资金安全,该管理办法直接无视该领域预付式消费模式出现的原因——对（部分）资金所有权的获取,从而可能威胁该领域的商业创新;另一方面,管理办法规定的备付金水平十分之高,远超出银行业的监管要求,明显违背了公平竞争原则——如果发行企业的

---

① 据上海市工商局估计,全市单用途预付卡发卡主体近 10 万家,而在上海市商务委备案的企业只有 351 家。这些企业大都不属于办法所规定的发行主体范围,载 http://news.ifeng.com/c/7fboG7zjd4b,2016 年 9 月 12 日。

② 比如,限额购买很容易通过多次购买而架空,实名登记则很容易通过买、用主体分离而架空。

③ 办法只规定了三种处罚手段:责令整改、罚金、公示。罚金的最高限额是 3 万,这对于互联网预付式消费动辄聚集上亿的资金量而言,无疑毫无威慑力可言。

风险管理和控制已经达到银行的水平,凭什么它们的备付金要求要远高于银行呢?

可以说,现行规范背后的学理支撑十分薄弱,不具有合理性基础。更值得思考的是,随着经济的发展,可以预见未来还会有更多的互联网创新模式出现。在这种情况下,监管者是否需要针对每一种模式创新出台一个规制"办法"呢? 比如,长租行业出问题了,就由住建部出台一个租金管理办法;培训行业出问题了,就由教育部出台一个培训预付款管理办法? 显然,这不是治本之道。那么,法律应该怎么办呢?

四、"互联网＋"背景下信用风险监管模式的构建

从前文的分析可见,对互联网融入金融属性的商业模式创新进行监管,不论是在理论上,还是在实践上,其必要性、紧迫性皆已毋庸置疑。然而,我国至今缺乏有针对性的法律法规,对该领域监管的主体、对象、具体行为及相应的责任做出规定。尽管在出现纠纷时,监管部门与法官可以援引既有的法律法规及部门规章进行处罚、做出判决,但实际效果不尽如人意。因此,制度建设的工作应该提上议程。互联网时代,金融风险的形态和量级已发生显著变化,制度建设工作也应作出相应调整和改变。那么,立法者应该如何确定监管的对象、目标及手段,进而确立监管的思路和权利主体呢?[①]

---

① 有学者建议围绕非标准金融产品与金融消费者权益的保护出台专门的法律。参见前引陈一新文。本文不讨论如果要立法的话,新法应该如何与既有的法律体系整合;只考虑操作上,新法应该基于怎样的立足点,在哪些领域做出规定和突破。

(一)监管对象和目标

监管对象与原则的确定。在识别与互联网金融信用风险有关的监管对象时,不应再以列举的方式展开界定,而应明确监管对象信用风险的根本属性,尤其是作为现金证券的电子支付工具和作为商品证券的金融信用工具这两大属性。与此同时,因为这两大属性已涉及金融风险,涉及与银行业经营性质十分接近的"资金池"模式,因此巴塞尔委员会于 1997 年确立的《银行业有效监管核心原则》中所强调的审慎监管原则理应成为该领域监管的基本原则;换言之,审慎原则应当优先于包容原则。就我国目前现行的规范体系而言,有关电子支付工具方面的监管在《非金融机构支付服务管理办法》颁布之后已有极大改善,然而对于作为商品证券的金融信用工具的监管依然还十分薄弱,应该加快向前者靠拢的步伐。

监管目标的确定。从线上预付式消费导致的法律纠纷带来的影响看,最先受到伤害的自然是消费者的权益。不管是商业信用风险还是金融信用风险,消费者都是最终的承担者。尽管受害的消费者可以依据《消费者权益保护法》《合同法》《电子商务法》等法律获得救济,但是如前所述,在互联网时代,多数情况下风险一旦发生,就已极为严重,消费者常常连基本的资金安全都没法得到保障。因此,消费者权益保护的加强必须首先纳入监管目标。另外,鉴于线上预付式消费带来的信用风险的放大及其性质的转变,已牵涉跨区域、跨行业的系统性金融风险,因此需要在区分线上线下预付式消费的基础上,把金融秩序和金融安全纳入监管目标。最后,在侵害消费者权益与扰乱金融秩序等负面作用之外,互联网商业模式创新带来的活力及其促进消费者福利方面的好处也是有目共睹的,因此也是值得保护的。① 归纳言之,立法者在处理涉金融属性的互联网商业模式创新时,至少需要权衡三个同等重要的价值:商业创新、金融安全与消费者权益保护。② 当然,任何监管都不可能不计成本,因此还应考虑如何以最低的监管成本实现上述监管目的。

(二)监管模式的选择

那么,如何基于有效的监管同时实现商业创新、金融安全和消费者权益保护呢? 看起来,创新与安全似乎不可兼得;同时,创新在某些情况下可以增进消费者福利,但在有些情况下也可能伤害消费者福利——这里似乎陷入了两难。实际上,如果回到理论的原点,尤其是一个交易成本为零的世界,便会发现这三者没有矛盾。假定交易成本为零,没有信息搜寻问题,没有议价问题,也没有实施问题,那么市场竞争就足以确保经营者的创新行为围绕着增进消费者的福利展开,金融风险也可能在摇篮中被识别并扼杀。可正如罗纳德·科斯所言,关键的问题在于真实世界的运行处处存在摩擦,而且这些摩擦导致的"耗费颇巨,足以使得许多原本在定价系统运行无须成本的世界中可能的交易遭到抑制"。在这个意义上,监管模式选择的核心任务就在于发现真实世界运行的成本构成,进而"考虑不同社会安排的运行成本"与总体影响,据此展开比较制度分析。③

---

① 《电子商务法》第三条明确鼓励电子商务发展新业态、创新新模式,因此审慎的同时还应包容。

② 除了这些价值,对预付式消费模式的监管可能还会考虑其他价值,特别是反贿赂和反洗钱方面。这不在本文的讨论范围。

③ 参见 Ronald Coase. The Problem of Social Cost. Journal of Law and Economics,1960,3:1-44。

回到本文讨论的问题。由于互联网商业创新导致的交易成本结构的变化不在于信息不对称导致的搜寻匹配成本上升，也不在于地位不平等导致的议价成本上升，而在于合约不完全导致的实施成本上升，尤其是因为互联网交易的特性使得一些线下行之有效的实施机制无法复制到线上而导致信用风险放大、性质改变，最终导致问题的恶化。从这个意义上说，该领域立法的关键应在于如何解决互联网交易中放大了的实施难题，尤其是履行不能问题。

理论上，解决实施难、履行不能的路径主要有三条：一是通过诚信社会的构建，借助道德力量实现约束；二是通过改变博弈结构，引入声誉或者报复机制实现约束；三是借助第三方实施和惩罚实现约束。归根结底，这些路径的根本原理都在于转变交易方的成本收益结构，使其因为继续履行合约的收益超过不履行（背叛）的收益（成本）而履行合约。就本文所讨论的话题而言，因为互联网的广泛性，道德风险被放大了，借助道德力量实现约束的实施机制面临巨大挑战。与此同时，因为互联网的一次性、远程性，博弈结构的变化也使得借助声誉、长期关系和对未来收益的预期而实现的第二方约束机制变得脆弱；因为互联网的虚拟性，线下可用的社会约束机制也变得缺位。因此，在监管模式的选择上，经过比较考虑，引入第三方实施的必要性已不证自明。

值得进一步强调的是，这里的第三方并不局限于法院和政府这些公主体。尽管这些主体在一次交易中的功能已经得到大量文献的强调[①]，但是互联网时代的到来让人们认识到，私主体（平台）也可以成为解决实

---

① 有关正式的第三方实施的研究可参见 Douglass North, Institutions, Institutional Change and Economic Performance. Cambridge University Press, 1990；Robert C. Ellickson, Order Without Law: How Neighbors Settle Disputes. Harvard University Press, 1991。

施难题的适格第三方。① 但是如前所述,由于在预付式消费这类涉金融属性的互联网商业模式创新中由私主体构成的第三方常常缺位或者激励不足,因此由公主体构成的第三方介入并发挥引导和激励作用的必要性就凸显出来。

(三)监管思路的设定

1.一般框架

在公共事务问题的治理上,正式的第三方介入监管的方式有很多。总体上,这些介入方式大体上可以分成事前、事中与事后监管三种。事前监管典型的比如准入监管,事中监管典型的比如过程的合规性监管,事后监管典型的比如行政或法律责任的认定与惩罚。目前,在审慎包容监管原则的指导下,监管领域似乎出现一股强调从事前监管转向事中事后监管的风潮。这一点从学理上看值得进一步探讨。因为不管是事前还是事中抑或事后监管,都有其成本结构,适用领域各不相同。因此,沿着与前文一致的分析思路,我们同样应该识别不同监管方式的运行成本,在比较的基础上做出选择。

理论上,监管方式的选择需要考虑的成本主要有以下三个方面:第一,制定规则所需的信息成本。科学立法的前提是拥有足够的信息,评价规则是否有效的一个核心标准也在于该规则可以集成的信

---

① 有关非正式的第三方实施相关的研究可参见 Avner Greif,The Fundamental Problem of Exchange:A Research Agenda in Historical Institutional Analysis. European Review of Economic History,2000,3:260-265;范良聪、刘璐、梁捷:《第三方的惩罚需求:一个实验研究》,载《经济研究》,2013 年第 5 期。

息量的多寡。显然,制定不同监管规则需要的信息结构并不相同。事前、事中监管规则的制定要求获得普遍性和一般性的信息,事后监管则要求对于法律规则以及个案的细节拥有信息。从这个意义上说,在那些可以很容易找到同质化、普遍性的一般标准的领域,事前、事中监管更为合适;而在那些问题具有非常典型的个性化特征的领域,事后监管更为合适。

第二,规则实施的成本。法律的生命在于实施,影响规则实施成本的最大因素是实施频率。事前监管的实施依赖于规则设立之后持续不断的监管行动,否则,无论最终的惩罚多么严厉,如果发现违法行为的概率因为缺乏强有力的实施部门而趋近于零,那对于潜在的违法者而言也没有任何威慑力。与此不同,事后监管的实施依赖于当事人的发起。当事人没有起诉或者举报的话,事后的监管就不会启用,因此也不会产生成本。在这个意义上,事后监管的成本要远小于事前监管。

第三,规则实施的效果。这里的效果涉及两层问题:一是履行不能的问题,二是如何发现的问题。关于履行不能,前文已有提及;如果事故或者风险发生,导致责任主体没有能力承担责任的话,那就出现了履行不能的问题。对于这些领域,通过事前监管选出具有履行能力的主体就显得更为必要。与此相反,如果主体拥有可供履行的能力,或者能够找到一个具有履行能力的主体作为担保,那么事后监管更值得考虑——因为相比事前监管,事后监管可增大交易空间。另一方面,任何违法行为都存在一个被发现的问题,不同违法行为被发现的概率并不相同。对于难以观察到的道德风险行为(偷懒、卸责乃至欺诈),难以确立因果联系的行为(比如吸烟),分布很广的伤害(比如空气污染),伤害体现在遥远未来的行为(比如核辐射),因为存在明显的发现难题,因此更适合引入事前监管。

2.具体思路

应用到本文考虑的问题。显然,以预付式消费为代表的涉金融类互联网商业模式创新应该考虑设立准入门槛,建立预付卡发卡主体的登记和申报制度。主要理由有二:一是一旦完全放开,允许所有商事主体获得发行主体资格的话,在商事登记放松的今天,必然导致整个市场所有主体蜂拥而入,从而导致监管难度因为监管实施成本的上升而迅速上升,进而导致发现潜在风险的概率迅速下降。二是履行不能的问题。值得再次强调的是,线上实施难题的关键不在于传统意义上的执行难,而在于无法通过法院的强制执行得以解决——因为在这里,一旦出现问题,发行主体卷款跑路或是申请破产了,事后救济往往过迟或者收效甚微。因此,鉴于预付凭证的金融属性,事前监管尤其是准入门槛必不可少。

其实,这一点已得到实务界的普遍接受。上述部门规章和规范性文件都设立了准入门槛的要求,还有一些则开始引入线下金融领域中成熟的门槛要求,比如资本充足率、备付金、损失拨备、限额发行等。不过目前这些规范中的这些准入要求有点一刀切,常常以企业规模为依据或者与企业规模挂钩,并非十分妥当。妥当的准入门槛不仅应该考虑企业规模,更应该考虑其他一些能够增进人们对发行主体信任度的能力和信用方面指标,尤其是行业性质、既往表现、内部治理结构的完善程度和风控能力的评价。因此,建议对那些具有健全内部治理结构和强大风控能力的主体适度降低准入门槛;或者允许一些主体借助符合资质且愿意承担担保责任的第三方支付机构、金融机构的平台进行发行。不仅如此,随着监管能力和市场成熟度的提升,立法者还应不断调整准入门槛,毕竟准入门槛会影响市场竞争,而市场竞争又是市场效率的根本源泉。

当然,重视事前监管,不代表可以放弃事中和事后监管。事前监管还需要事中和事后监管的配合才能更好地发挥作用,尤其是当准入门槛变得弹性化时,事中监管的重要性便凸显出来。而且,金融领域很多监管规则的效果从根本上而言取决于事后的惩罚威慑。

一方面,事中监管的重要性近来得到日益强调。由于现代政府监管的任务日趋繁重,在资源约束的瓶颈下,任何一种监管思路都必须考虑成本收益与效果的问题。由于事前监管的成本会随着实施频率的上升而上升,因此一种全新的关注监管过程的理念被提出,也即所谓的合规性监管,或者所谓的内部管理型规制。[1] 这种监管模式强调的是以多种方式鼓励被监管者主动实施自我监管,针对的不是特定的技术要求或者绩效结果,而是要求企业针对相应的监管目标,制定适于自身的经营计划、管理流程和决策规则。[2] 比如,在金融监管领域,监管者可以通过各种强制或者半强制的规范,从公司治理、风险管理、财务制度、内控制度、责任体系、危机处理等方面要求被监管者做到合规,设立信息报告与披露方面的严格要求,让企业积极主动应对风险,把风险扼杀在源头。显然,这种监管思路不仅利用了企业所拥有的信息优势,同时降低了监管部门的负担,而且也使得违法行为(不合规)变得更可发现,降低了监管成本。不仅如此,这种监管思路还可以敦促企业追求超越法定最低要求的自我监管,有助于挖掘企业的守法潜能,提升风险社会中风险主体识别、衡量、评价、监督、控制乃至最终减轻风险的能力。由于对于那些无

---

[1] 这种思路不仅与《公司法》《证券法》《巴塞尔协议》的许多制度精神相一致,而且已经在一些金融监管领域得到推进与实施。典型的可参见中国证监会、银监会、国资委等规制机构出台的《企业内部控制基本规范》《证券公司内部控制指引》《商业银行内部控制指引》等。

[2] 参见谭冰霖:《论政府对企业的内部管理型规制》,载《法学家》2019年第6期。

时无刻不在接触风险的风险主体而言,其可以获取的风险信息更多、可以动用的防范风险的手段工具更丰富,因此可以预期,其实施风险控制的效果也应该更好。

另一方面,事后监管同样非常重要。这是因为,事后监管不仅是最后一道防线,而且直接影响到许多事前事中监管规则的效力。以报告和披露制度为例,公开透明作为市场经济中最有效的监管手段之一,已经得到了监管者的普遍认同。然而,目前学界对于这种监管为何重要并没有达成一致。大部分的学者倾向于认为,强制报告和披露制度的根本目的在于克服信息不对称。实际上,研究已经证明,通过报告和披露来克服信息不对称是不可能的。[①] 研究还证明,强调报告和披露的根本在于,通过施加信息披露方面的严格要求以及配套极为严苛的罚则,可以把那些愿意遵守规则的主体筛选出来。[②] 换句话说,这里的事后监管及其配套的责任规则其实发挥的是类似于市场中价格机制的功能,帮助监管者把不同风险态度和成本结构的主体甄别出来,从而实现稀缺的执法资源的有效配置。

[①] 参见 T. A. Paredes, Blinded by the Light: Information Overload and its Consequences for Securities Regulation. Washington University Law Quarterly, 2003, 81: 417-485; O. Ben-Shahar & C. E. Schneider, The Failure of Mandated Disclosure. University of Pennsylvania Law Review, 2011, 159: 646-749。

[②] 参见 Eric A. Posner, Law and Social Norms: The Case of Tax Compliance. Virginia Law Review, 2000, 86: 1786－1791; Edward Rock, Securities Regulation as Lobster Trap: A Credible Commitment Theory of Mandatory Disclosure. Cardozo Law Review, 2002, 23: 675; Troy A. Paredes, Blinded by the Light: Information Overload and its Consequences for Securities Regulation. Washington University Law Quarterly, 2003, 81: 417。

五、结语

党的十九届四中全会重要报告指出,我国的国家制度和国家治理体系具有多方面显著的优势,为实现"两个一百年"奋斗目标,我们需要"着力固根基、扬优势、补短板、强弱项,构建系统完备、科学规范、运行有效的制度体系……把我国制度优势更好转化为国家治理效能"。换言之,在实践证明中国特色社会主义制度和国家治理体系具有强大生命力和巨大优越性的共识基础上,国家制度与治理能力现代化建设的重点应该逐步从"制度的完善"转移到"有效的治理"上来,把治理绩效作为评价一种"制度"好坏优劣的核心标准。这一认识同样适于互联网商业模式创新的治理。在确立了值得追求的核心价值之后,应当基于翔实的比较制度分析和扎实的成本收益分析思考:哪一种或几种治理手段可以实现立法目的;哪一种治理手段的成本最低,伤害最小;哪一种治理手段的收益与其成本成比例;这些治理手段之间存在什么关系,需要如何安排才能相互促进? 如此,才能真正响应国家治理体系建设的要求,实现从经济规制向经济治理的转变。[①]

目前,我国互联网商业模式创新治理方面的制度规范还处在发展的起步阶段。可以预见,未来互联网技术与金融创新之间的交互作用还会引出更多的商业模式创新,互联网技术边界的进一步扩展也会导致创新背后的金融杠杆效应进一步放大。尽管如此,治理的思路并不在于出现

---

① 参见范良聪:《从经济规制到经济治理:经济法功能定位转变的可能进路》,载《法制现代化研究》2019 年第 4 期。

一种新生事物就出台一部规范,而在于把握新生事物的本质,实现"源头治理"。因此,应该改变依赖部门规章或规范性文件就某些特定种类的商业模式创新进行分散监管的模式,同时抛弃一刀切地禁止、极端地推行严格监管的思路模式。捕捉商业模式创新背后法律关系的核心本质及其影响,以治理绩效为评价标准,基于比较制度分析的进路,寻找审慎包容的治理之路才是应对"互联网＋"时代信用风险放大给金融秩序带来的挑战,兼顾消费者权益保护和商业创新的根本之道。

合规作为一种监管机制

——兼论合规与合法的区分

童禹杰[*]

摘　要: 当前我国企业的合规管理体系普遍存在合规管理组织缺乏专业性、合规机构设置缺乏独立性、合规管理部门缺乏权威性以及合规运行机制缺乏有效性的问题,归根结底是对合规内涵的错误理解及其与合法概念的混淆。从发展脉络上,合规经历了企业社会责任下的合规观、内部管理规范、监管机制三个发展阶段。当前我国有关合规的讨论与实践尚停留在合规作为内部管理规范的第二阶段,对于合规作为监管机制的把握不够充分。阐明合规与合法概念上的区分,确立合规作为一种监管机制的核心内涵,并围绕合规监管的理念展开法律规范的构造和解释是推行合规监管亟待厘清的重大课题。

关键词: 合规　合规监管　合规与合法

* 作者介绍:童禹杰,浙江大学光华法学院硕士研究生。本文是 2021 年度浙江省教育厅一般科研项目"互联网平台合规管理制度研究"(项目编号:Y202148331)成果之一,同时受互联网法治研究院(杭州)2021 年度互联网法治重点研究课题支持。

引　言

2021 年 3 月,《中华人民共和国国民经济和社会发展第十四个五年规划和 2035 年远景目标纲要》(以下简称"《规划》")发布。《规划》在有关企业境外投资的规划中指出,"国家应当引导企业加强合规管理,防范化解境外政治、经济、安全等各类风险"。同时强调,国家促进民营企业高质量发展,"推动民营企业守法合规经营,鼓励民营企业积极履行社会责任、参与社会公益和慈善事业"。加强企业合规管理,推动企业合规经营已上升为国家全面深化改革,构建高水平社会主义市场经济体制的重要组成内容。

我国在企业合规领域的规划和发展遵循从顶层设计出发的逻辑,遵照巴塞尔银行监督管理委员会的《合规与银行内部合规部门》。2006—2008 年,当时的银监会、保监会、证监会陆续颁布了《商业银行合规风险管理指引》《保险公司合规管理办法》《证券公司合规管理试行规定》,开始了我国对于企业合规体系构建的尝试。当时的国家发改委、国家税务总局、国资委、国家反垄断委员会也陆续颁布了各自管辖范围内企业的合规指引[①],各省相关部门也在上位规范的指引下纷纷出台针对当地企业的合规指引[②]。实践中,以司法系统推行的"刑事合规不起诉"为起始,最高人民检察院于 2020 年 3 月开始了企业合规的首

[①]　例如《中央企业合规管理指引(试行)》《企业境外经营合规管理指引》《平台经济领域的反垄断指南》等。

[②]　例如《上海市国资委监管企业合规管理指引(试行)》《浙江省企业竞争合规指引》《河北省经营者反垄断合规指引》等。

轮试点改革,各地也自发探索涉案企业合规考察制度,并出台试点实施意见及细则。2021 年 6 月,《关于建立涉案企业合规第三方监督评估机制的指导意见(试行)》的出台进一步推动了合规法律实践的落地。企业在合规法律制度的推动下也陆续开始合规的积极探索,建立了企业的合规管理体系。

合规法律制度的规范探索推动了学界对合规的探讨。以"合规"为关键词的文章、论坛、讲座、课程在各大媒体和社交平台上大量涌现。但仔细阅读后发现,关于各领域合规的众多探讨都未对合规这一概念本身进行描述,而讨论的内容似乎更加接近于法律人老生常谈的概念——普法,即相关法领域的专业人士以规范解读的方式,从立法背景、条文梳理、规范重点及规范创新等角度向读者、参会者介绍一部现已颁布或者即将颁布的规范文件。同时,笔者通过对企业合规管理实践的调研了解到,当前我国企业的合规体系普遍存在合规管理组织缺乏专业性、合规机构设置缺乏独立性、合规管理部门缺乏权威性以及合规运行机制缺乏有效性的问题。

归根结底,上述问题的产生都是由于在学理上未对合规的概念进行明确的阐述,进而导致合规与合法概念的混淆。那么,合规与合法存在怎样一种关系,合规就等于合法吗?如果不是,那么合规相较于合法,其特殊性、必要性有何体现?本文旨在基于合规与合法概念的区分,厘清合规管理的核心内涵,并探讨基于合规管理落实合规监管的规范路径。

一、合规与合法：一个合规内涵演变的视角

（一）合规发展的第一阶段：企业社会责任下的合规观

合规是由企业社会责任发展出的概念。一直以来，围绕企业社会责任的讨论离不开两个命题：第一，企业为何需要承担社会责任；第二，企业应当承担何种的社会责任。尽管以诺贝尔奖获得者米尔顿·弗里德曼（Milton Friedmann）为代表的一众经济学家强烈抨击"企业应当承担社会责任"这一命题，并且旗帜鲜明地指出，"只有使用既有资源，遵循市场博弈的规则，从事创造利润的市场活动，才是企业有且仅有的唯一社会责任"[①]。但是，社会发展的进程远比理论模型来得更为复杂，社会历史的洪流将这一进程推向了另一端。20世纪后，伴随着生产技术和生产效率的提高，相比于经济生活条件的改善，工业生产所带来的负外部性给整个经济社会带来了巨大的冲击，不禁使学者们开始反思"社会达尔文主义"的冷酷，彼得·德鲁克更是深刻地指出，"一个健康的企业和一个病态的社会是很难共存的"。企业社会责任观在学术呼声日渐高涨的环境中逐渐扩大影响。

此后，以"利益相关者"为核心的企业社会责任理论因更加适应企业的社会实践而开始受到更大的关注，其较之于传统的股东至上主义的核

[①] M. Friedman, The Social Responsibility of Business is to Increase its Profits. New York Times Magazine, 1970, 9:13.

心观点在于:是各个利益相关者的参与投入促进了公司整体的发展,因此公司所追求的利益应当实现由个体利益向整体利益的转变。显然,该理论本质上在更大范围内分配了公司发展的功劳,由最原先的股东扩张至消费者、雇员、上下游企业,甚至囊括了一切因企业发展而直接或间接受到影响的客体,如自然环境、非人类物种等。功劳感构成了应当获得奖赏的正当性来源,因为任何人都认为自己为了企业的发展或是付出了一定代价,或是分摊了部分的经营风险。以企业所在地的居民为例,即使他们从未购买过某一企业生产的产品,但依然可以认为企业占据了本该由他们所享有的土地资源,抑或是由生产所引发的环境污染对居民健康权的损害。如此便意味着,相关人有权索取企业发展所获的收益,从自身利益的角度出发,任何客体都不会拒绝这一范围的扩大。正是在此逻辑的不断推演下,"利益相关者"的解释范围一再扩张,社会公众希望企业所承担的责任边界也一再拓宽,从原先的企业仅对股东利益负责,扩展向消费者负责,向供货商负责,向企业所在地的居民负责,甚至向环境保护主义者负责。尽管在未施加任何外在激励或是强制的情况下,企业利益与社会公众利益之间的矛盾依然难以调和,因为在权利未进行重新分配的情况下,企业本身仍然是利益分配的实施者。不过,当社会责任逐渐变成一种有效的竞争手段,这一浪潮驱使着某些企业开始全新的思考:如果合规管理有利于企业竞争,那为何不可以由被动接受转向主动履行? 由此,合规管理的观念开始出现。

20世纪60年代以后,随着管理中心主义以及跨国公司和业务的发展,合规管理的内涵逐步形成。一方面,伴随公司规模的逐渐扩张,公司股东也呈现出分散化的趋势,从而导致企业难以形成有效的一致行动意见,阻碍了企业生产经营的持续开展。在此背景下,公司的治理结构开始逐渐偏离股东中心主义的最初设计。股东只要能从企业经营中获得有利的利润分配,他们就愿意委托他人,也就是董事会对公司事务实施管理,伯利和米恩斯将其称为"所有权和经营权的分离"。另一方面,跨国公司的兴起以及跨国业务的发展为企业带来了多重挑战:对于来自法治化程度较低国家的企业,跨国经营要求其将经营活动目的地更加严苛的法律规范纳入其应当遵守的规则范畴;而对于来自法治化程度较高国家的企业,跨国经营使得其陷入"入乡随俗"还是"严于律己"的道德选择困境。

两股要素一起推动了合规内涵的第一次细化:一方面,管理中心主义使得董事会在合规理念的制定和推动中占据主导地位;另一方面,跨国公司与跨国经营要求企业思考如何在不同的社会、经济、法律环境下保持组织行为与标准的一致性,其中最直接的体现便是规范遵守的范围得到进一步扩大。由此,便形成了企业社会责任下的合规观:以董事会为核心的企业在经营管理过程中应当积极履行其行为符合各项规范的责任。

(二)合规发展的第二阶段:合规作为一种企业内部管理规范

仅存留于观念意义上的合规对企业治理的提升显效甚微:从纵向上看,合规发展第一阶段的合规观念仅仅停留于管理层,并不能实现观念在企业内部自上而下的统一传达;从横向上看,法律的地缘性特征导致合规观念无法实现跨地域的贯彻执行。接连曝光的官员贿赂、内幕交易、国防产业中承包商欺诈等事件[1]便是充分的例证。肇始于反垄

---

① See J. Charles Walsh & Alissa Pyrich, Corporate Compliance Programs as a Defense to Criminal Liability: Can a Corporation Save Its Soul. Rutgers University Law Review1995,47:605,654.

断领域，20 世纪 50 年代美国联邦政府针对固定价格、分割销售市场的垄断行为，向当时美国几家电气设备制造巨头开出了巨额罚金。[①] 其后，发生了多起由企业的内部管理问题引发的贿赂事件，其中包括臭名昭著的水门事件，及美国司法部和美国证券交易委员会实施《美国海外反腐败法》（FCPA）历史上创下罚款最高纪录的西门子事件。

一系列恶性事件引起了监管机关及企业本身的反思：停留于观念层面的合规并不能帮助企业实施更为有效的治理，合规观念的落实依赖于一个完整构建的内部合规管理体系，用以实现合规观念的传达、合规风险的防控。西门子公司在事件发生之后痛定思痛，开始了持续多年的合规体系构建，高资金成本、高时间成本的投入最终使得西门子公司建立了世界上最完善的合规体系。西门子的合规体系主要涵盖合规组织、行为准则、合规制度三大面向：合规组织体系旨在为整个公司的合规管理设立一个负责人或是负责部门，实行合规事务的统筹管理；行为准则被视为合规体系的核心环节，主要从反腐败、反垄断、数据保护、反洗钱四个具体领域以及日常经营活动规定了企业员工应当遵守的行为规范；合规制度由"防范""监察""应对"三个子系统构成，实现合规风险从发生到解决的全流程监控。

至此，合规发展到了第二阶段，其内涵相较于第一阶段发生了一定的改变。一些企业在受到监管部门的严厉处罚后认识到，确立合规观念远远不够，合规观念的传达、合规制度的落实依赖于一套完整的合规管理体系。由此，企业社会责任下的合规观演化出了内部管理制度的内涵。

[①]　See Walker B. Comegys, Antitrust Compliance Manual: A Guide for Counsel, Management, and Public Officials xxviii (2d ed.,) Practising Law Institute, 1992.

（三）合规发展的第三阶段：合规作为一种监管机制

在未施加任何激励或者强制的情况下，合规观念无法调和企业利益与社会公共利益之间的矛盾。即使合规能够帮助企业避免各方面的损失，但仍存在许多阻碍企业建立合规体系的因素：第一，合规体系的建立包括制度性文件的制定、专业人员的雇佣派遣、相关运行制度的设计及配套设施，完整合规体系的建立需要不菲的成本投入；第二，代表成本与风险控制的合规意识天然与代表效益和风险取向的经营意识相冲突，毕竟经济效益仍然是企业发展的首要目标；第三，相较于社会公众，经营管理层作为企业经营收益分配最直接的受益者，往往表现出较弱的风险感知水平[1]，因此在展开"成本—收益分析"后会有更强烈的合规不作为倾向，由此实施合规管理的内部激励就会被弱化。此时，就需要从外部引入新的激励或者是强制。在美国，合规最初是以企业承诺的方式作出，主要作用是向监管部门证明其承诺可信。[2] 此时的合规与早期的企业社会责任十分相像，不具有强制性，都是依靠企业自觉的积极或约束行为，在弱化其负外部性[3]的同时为社会创造新的福利，从而提升企业的社会形象进而增强市场竞争力。显然，这种激励在上述三大因素的挑战下，变得不稳定。为此，政府开始了探索引入合规外部激励的路径，也即合

---

① 参见朱正威、王琼、吕书鹏：《多元主体风险感知与社会冲突差异性研究》，载《公共管理学报》2016 年第 2 期。

② See Richard J. MacLaury, Compliance Programs Under the Robinson-Patman Act and Other Antitrust Laws——The Practical Effect of Such Programs or the Absence thereof. Antitrust Law Journal, 1968, 37, 96, 103.

③ 参见陈宏辉、贾生华：《企业社会责任观的演进与发展：基于综合性社会契约的理解》，载《中国工业经济》，2003 年第 12 期，第 86 页。

规监管。

其实在合规发展的第二阶段,合规监管的理念已初露雏形。在电气设备制造巨头垄断案件中,政府便要求企业在缴纳罚金外采用反垄断合规体系。水门事件后,为解决侵蚀政府内部的收受贿款和收取回扣问题,美国证交会和税务署推行了一项自愿披露制度,对于自愿向有关部门披露违法行为的企业减轻处罚,为企业合规经营施加外部激励。而后,针对海外业务中反腐败案件频发的事实,美国国会于1977年通过了《美国海外反腐败法》(FCPA),对开展有关海外业务经营的企业课以强制性的内部控制要求。最终,合规逐渐从一种轻微违规处罚的替代工具,成为美国司法部《量刑指南手册》中考虑减轻处罚的法定情节[1],成为具有强大激励效果的正式法律制度和商业实践。有学者指出,当下我们所讨论的合规概念,更多是一种法律上的考量。[2] 合规法律地位的确立改变了初始的"成本—收益"天平:一方面,监管部门通过出台合规指引降低了企业合规体系的设计成本;另一方面,履行相应合规义务的企业除了能够规避可能的经济损失风险,还可以减轻或者免除原本可能承担的法律风险。如此,便提升了企业开展合规管理的预期收益,提高了企业对合规管理的需求,实现通过引入外部激励刺激内部展开合规行动的效果。

(四)合规与合法:一组概念的澄清

通过对合规渊源的梳理不难看出,合规与合法有着明显的区别。首

---

① See Growing the Carrot: Encouraging Effective Corporate Compliance. Harvard Law Review,1996,109:1783,1784.

② 参见邓峰:《公司合规的源流及中国的制度局限》,载《比较法研究》2020年第1期。

先,在形式特征上,合法更多地体现为某一行为与既有法律规范符合程度的内容性判断,即使是形式部分也会有明确的内容要求。与此不同,合规,不管是作为一种企业管理机制还是法律实施机制,具有饱满的形式特征。特别的,从监管的角度来看,合规是作为一种法律实施机制存在的,即行政机关通过设计一套行之有效的规范体系,激励企业构建合规管理体系,做到依法依规经营。这种监管模式与传统的监管模式有两方面区别:一方面,传统行政监管主要着眼于事前的准入监管和事后的处罚威慑两个维度,而合规监管的核心在于从事前事后转向全流程监管;另一方面,传统行政监管以行为监管为核心,强调不当行为规制,而合规监管的核心在于通过监督引导企业建立有效的合规管理体系,从而实现主体监管、行为监管与功能监管的统一。

其次,从内容特征看,"规"具有多重含义,一般认为包括法律和伦理规范。显然,在需要"合"的对象上,合规要求遵守的规则范围相较于合法更为广泛。依照规则类型的区分,企业应当遵守的规则包括但不限于:(1)国家制定的各类法律、行政法规、部门规章及规范性文件;(2)商业伦理和行业规范;(3)企业自行颁布的规章制度;(4)国际条约或国际惯例;(5)业务开展所在地的法律法规。[①] 因此,合规的外延要大于合法。

再次,从概念所蕴含的状态上说,合法体现为合乎法律的静止状态。而合规是动态的过程,从合规风险的预警到合规风险的甄别,再到最终合规风险的评估与处置是一整套动态性的流程。合规的目的即在于实现企业的自我调整。例如新法颁布或旧法修订时,依靠合规体系的动态运行实现公司发展规划、业务开展计划、员工行为准则等方面的合规性

[①]　参见陈瑞华:《论企业合规的性质》,载《浙江工商大学学报》2021 年第 1 期。

调整，或是依据政策变化、行业动态适时调整合规重点。

最后，合法与合规的区别还体现在违反的后果上。法律体现的是国家意志，由国家强制力保证实施[1]，违反合法义务将引起确定性的后果。然而，合规在大多时候并不表现为一种强制性的义务。当前，我国仅在极少数领域规定了强制合规义务，更多是采用倡导性合规的立法模式。[2] 虽然强制性合规义务的推广有助于合规在企业内部的落地实施，但是学理上，并非所有领域都拥有推行强制性合规的正当性依据。

尽管如此，应当认识到，合规与合法并不是完全对立、互不相容的两个概念。可以说正是因为两者作为独立的概念，具有紧密的联系，因此才需要予以更加严格的区分。"合法是目的，合规是手段"可以简要概括两者的关系。但因为合规具有合法所不具备的形式特征，同时其外延要大于合法，所以有效的合规能达到更高的价值实现。因为，离开有效实施机制的支撑，合法可能就无从谈起。

二、概念理解偏差下合规实践"合法化"引发的问题

那么，当前我国所讨论的合规是处于哪一阶段呢？显然，我国没有经历过有关"董事会应当遵守怎样的道德伦理规范"类似问题的讨论，即便有也是直接在企业社会责任视角下进行，而未纳入合规的话语体

---

[1]　参见李林：《依法治国与推进国家治理现代化》，载《法学研究》2014 年第 5 期。

[2]　这里所说的强制性合规义务，是指法律对相关企业提出明确的建立合规管理体系的义务。

系。① 尽管已有苗头，但是我国有关合规的讨论显然没有进入第三阶段，也即除了极少领域，合规尚未被作为一种法律实施机制纳入法律规范体系：第一，作为市场经济立法代表的《公司法》未出现任何与合规相关的体现；第二，国家部委牵头发布的《中央企业合规管理指引（试行）》《经营者反垄断合规指南》《企业境外经营合规管理指引》等文件采用倡导型的立法模式，无法对企业产生实质性的强制或是激励的效果；第三，金融、数据领域的合规立法虽然对违反合规监管规定的企业课以一定的法律责任，但规范领域依然局限，不具有普遍性。② 可以说，当前我国有关合规的众多讨论与实践仍停留于合规发展的第二个阶段，甚至对于合规作为一项内部管理制度内涵的理解也尚未达到充分，陷入前述"合法化"的陷阱中。

（一）"合法化"的合规监管

目前我国对合规的强调普遍存在"合法化"的弊病。我国政府发布的合规指引大多出自国家部委或是地方政府，其效力位阶多为规范性文件。在尚未厘清合法与合规概念的前提下，受制于此，合规指引中常常出现较大篇幅的对法律规定的重复或者细化，有时甚至是超越了法定权限。如此造成的混乱局面便是，一旦违背指引的有关内容就已然是合法的问题，而不是合规的问题。以浙江省市场监督管理局于 2019 年 7 月发布的《浙江省企业竞争合规指引》为例，其中的第三章虽然冠

---

① 参见汪青松、宋朗：《合规义务进入董事义务体系的公司法路径》，载《北方法学》2021 年第 4 期。

② 参见赵万一：《合规制度的公司法设计及其实现路径》，载《中国法学》2020 年第 2 期。

以"企业反垄断风险识别"的标题,但章节中的第九条至第十四条实际上即是对《反垄断法》中有关垄断协议、滥用市场支配地位以及经营者集中的禁止性规定的重申。无独有偶,该局于 2021 年 6 月就其制定的《浙江省平台企业竞争合规指引》(以下简称《平台竞争指引》)向社会公开征求意见,其中"竞争合规风险识别"章节虽然依照互联网平台的特有属性做出了有针对性的调整,但依然坚持以内容为导向的指导思路。

"合法化"的合规监管不仅表现出大量法律条文的重复,而且因为法律本身具有的滞后性特征,合规丧失了其本来具有的法律填补功能。法律的稳定性使其无法朝令夕改,法律解释的路径虽然在一定程度上能够缓解滞后性所造成的规范漏洞,然而互联网技术的发展、新业态与商业模式的涌现使得这一矛盾更加突出,尤其在互联网领域,恪守内容监管思路的法律愈发难以适应日新月异的技术迭代。内容合规面临着同样的问题。因为实践的发展常常快于法律,以内容为导向的指引很快就会面临过时的尴尬局面,《反不正当竞争法》中的互联网专条便是典型例证。① 同样,虽然《平台竞争指引》加入了算法、数据及新型商业模式的考量,但依然面临着新模式出现后内容合规规则滞后的窘境。

毋庸置疑,偏离了法律实施机制内涵的合规监管必将陷入实践困境。当前,我国仅在金融、数据领域以及带有国资性质的企业中确立了强制性的合规义务。在强制性合规为例外规则的环境下,行政机关只能通过合规指导等柔性监管方式推进合规监管。然而,因为目前的合规管

① 参见蒋舸:《〈反不正当竞争法〉网络条款的反思与解释——以类型化原理为中心》,载《中外法学》2019 年第 1 期。

理指引更多强调内容导向,使得合规指导等机制的落实被忽视,合规监管的效果也就受到影响。不仅如此,受制于传统的分业监管体制,着眼于具体不当行为的合规管理指引很难避免政出多门、多头监管的弊病,很难导向一套可以协同各个部门、无差别推广的合规评价体系,合规指引的可操作性堪忧。

(二)"合法化"的企业合规管理

内容列举式的合规管理指引直接对企业内部的合规管理实践造成了误导,容易造成企业的一种误解:合规就等于"依法依规经营"。这就可能变相地推动企业建立一种"大而全"的合规体系,或者推行"一揽子"合规计划。然而现实的问题在于,一套有效合规体系的构建成本本就不菲,"大而全"的要求将进一步加重这一矛盾。因此,照搬指引、机构混同等措施成为企业削减成本、套用合规形式的选择,这就不利于企业探索精致化、符合行业特质的合规体系,从而导致合规管理效果的下降,进而削弱合规监管的效能。

1.合规管理制度的误解

众多内容性的条款被纳入行政机关所制定的合规管理指引,自然将许多公司的合规实践引向内容层面,这一点在企业合规管理制度性文件的制定上体现尤为明显。合规管理制度性文件是企业合规管理的纲领性文件,要求其对企业的合规管理原则、合规管理组织体系、合规管理运行体系及保障作出框架性的构建。在企业合规管理愈受重视的大背景下,笔者所走访的 40 家企业均认为其制定了合规管理相关的制度性文件。但进一步考察便会发现,这些企业所说的合规管理文件不过是在各专项性管理文件中添加了"合规"的名头。各专项性管理文件诸如《反垄断管理制度》《价格管理制度》《广告管理制度》在被冠以"反垄断合规""价格管理合规""广告管理合规"的标题后摇身一变成为企业的合规管理文件,在企业合规管理体系的构建中不仅无法体现合规管理的功效,名目繁多的内容性条款反而会挫伤企业及雇员的合规积极性。

2. 部门职责的混同

首先需要认清,合规部门与法务部门在企业管理中承担着不同职责。法务部门主要参与企业生产经营过程中所遇到的协议订立、纠纷解决等内容性、对外性的事务。而合规部门,或是早期合规官的设立初衷在于"在广袤的地理范围、不同的政治—经济—法律之间"①贯彻一些被正式表达且明确维持的价值观念。而这一价值观念的贯彻依赖于制定合规文件、实施合规监督、组织合规培训等一系列职责的履行,同时职责的有效履行依赖于权威性、独立性的组织架构支撑。因此,合规部门承担着更多形式性、对内性的独立职责。而在我国的企业合规管理实践中,企业或是未建立合规部门,或是仅在部门名称上作变更,以法务等部门充当合规管理职责。在当前企业普遍采取的组织架构下,法务部门被定义为企业众多职能部门之一,其履职受到企业管理层及相关业务部门的影响较大,缺乏独立性。该种情形下,赋予其合规职责也难以保障合规管理工作的有效开展。当然,合规部门拥有独立的价值并非意味着所有企业都有必要在原有组织架构的基础上增设合规部门,

① 参见邓峰:《公司合规的源流及中国的制度局限》,载《比较法研究》2020年第1期。

而是说某一部门在履行相应合规职责时应当保证其权威性、专业性和独立性。

3.机制运行的混杂

合法、合规的混同为公司合规管理带来的第三个问题是，企业对"合规审查""合规咨询""合规汇报""合规培训"等合规保障制度的理解产生偏差。应当认识到，作为管理机制的一系列合规保障制度虽然在名称上与常规的"合同审查""业务咨询""检举告发"等制度大同小异，但存在着实质上的差别。以合同审查与合规审查为例，合同审查重在对企业生产经营活动中所订立的协议内容的实质合法性进行判断，而合规审查的着眼点在于审查企业内部重要的规章制度和业务流程是否存在运行程序上的漏洞，或是对企业计划开展的业务、财务、资金运用及机构管理等行为进行前瞻性的合规风险判断。实践中，上述合规机制常常被不加区分地纳入常规的业务运行流程中。如此产生的后果便是，合规工作开展丧失了其应当具备的权威性、独立性和专业性，并最终体现为合规机制运行的失效。

可以说，我国有关合规的众多讨论与实践更多是停留在合规发展的第二个阶段，甚至对于合规作为一项内部管理制度内涵的理解也尚未达到充分，更偏向于考虑应当遵守何种法律制度的"法定"要求。因此，为了发挥合规监管的功能，应当尽快从合规作为一种法律实施机制的视角对合规法律体系进行重塑，为企业合规管理体系建设提供有益指引。

三、合规监管的要素构成

(一)合规监管的主体

毫无疑问,合规监管应当以公权力机关为实施主体。合规的发展历史足以表明,单纯依靠企业内生动力的合规推进方式与企业的经济目标存在天然的矛盾关系。因为企业从自身出发往往只能认识到合规体系的建立有助于防范商业风险和损失,但这一收益在许多领域中并不大,或者低于合规体系建立运行的成本。因此,合规体系的建立和有效运行常常有赖于引入外部激励,尤其是通过政府规范设置的方式使不合规企业在承担商业风险和损失的同时承担法律风险和损失。例如湖南建工集团有限公司因竞标欺诈受到世界银行做出的"附解除条件的取消资格"制裁,导致企业两年内无法获得世界银行贷款的收益,同时无法参与世界银行的资助项目。[①] 中兴公司因违反美国对伊朗的出口禁令,遭受美国商务部的罚金处罚,并前后两次被采取限制出口措施。[②] 相较于一般的经济损失,丧失市场准入资格、吊销营业执照、禁止参与招投标等权益的剥夺会给企业带来更加深远的负面影响,从而激励企业重视合规管理。

应当认识到,政府既是合规监管的主体,也是合规监管的受益者。

[①] 参见 http://www.chceg.com/Column.aspx? ColId=124。
[②] 参见陈瑞华:《中兴公司的专项合规计划》,载《中国律师》2020 年第 2 期。

合规监管对于转变监管方式、提升监管效能具有独立的价值。传统监管依赖于"严刑峻法",强调通过违法惩戒发挥预防违法的效果。然而现实的问题是,新的法律法规不断扩充着现有的法律体系,其中不仅包括社会经济发展所产生的新的违法形式,也有对既有违法行为的扩张性解释。① 在此情况下,违法行为的查证、法律适用的匹配大大提高了公权力机关的法律实施成本,造成实践中普遍存在的选择性执法现象。② 与此同时,企业违法行为越来越复杂,越来越专业,越来越隐蔽,若不深度介入企业内部常常很难发现。合规监管的引入较好地解决了上述监管难题。这是因为,由掌握风险来源信息、性质、类型、演进路径的企业实施自我治理,取代依赖于调查取证的外部监管,不仅将管理的主导权交还于企业,降低监管成本,还可以提升监管水平和监管效率。对于执法机关而言,这意味着传统被动性"严刑峻法"执法理念的修正,意味着朝向推动企业自我监管(self-policing)的思路转变。正如"社会效益理论"所描述的:"企业合规使得政府在无须增加执法的强度和预算的条件下实现了对违法行为的事前预警,从而由减少执法调查和降低诉讼法成本而获得收益。"③

再者,合规监管还可以促成企业经济利益和政府风险管控的调和。以平台经济与数字化生产要素为例,平台时代监管的核心难题在于传统监管模式很难应对平台的跨时空、跨界经营和数字化经营带来的问题。其中,数据作为一种生产要素与个人权利基本构成要素的双重属性,给数据处理行为的监管带来巨大挑战。监管机关作为外部人,对新技术普

---

① 参见郑永流:《出释入造——法律诠释学及其与法律解释学的关系》,载《法学研究》2002年第3期。

② 参见黄培:《为什么选择性执法? 制度动因及其规制》,载《中外法学》2021年第3期。

③ 参见陈瑞华:《论企业合规的基本价值》,载《法学论坛》2021年第6期。

遍缺乏相关专业知识,同时肩负着维护社会稳定的天然职责,在面对社会稳定和商业创新的抉择时显然会更倾向于前者,若依照强监管思维对出现的新模式、新要素予以管控,无疑会对企业创新活力造成打击。与此相对,合规监管淡化对行为的强调,强化对主体的强调,有助于在确保监管效果的同时,将主动权交还给企业,在监管与创新之间达成平衡。

(二)合规监管的客体

企业是合规监管的客体。更为具体的,企业的合规管理行为是合规监管的客体。当前对于企业建立合规管理体系存在的普遍质疑是,企业是否应当投入高昂的成本建设一套完整的合规管理体系。被称为建立了世界上最完善合规管理体系的西门子公司,仅在前期调查这一项目上就花费了数亿欧元。[①] 需要承认,合规确实存在成本,这一成本对于很多中小企业而言甚至是不可承受的。但是,我们不能由此否定企业合规管理体系的构建,合规在企业治理中具有多层次的价值。

首先,企业合规具有信号价值。我国目前仅在金融、数据领域以及在含有国资性质的企业中确立了强制性的合规义务,对于市场中绝大多数企业来说,构建合规管理体系、实施合规管理并非必需选项。在此情况下,那些构建出一套完整合规管理体系的企业便向市场发出一种信号:企业愿意付出不菲的成本以保证生产经营活动中的依法依规。这一信号有助于解决经营者与消费者之间信息不对称这一关键问题。企业的内部管理运营常常被称为"黑箱",消费者只能看到企业最终生产出来

---

① 参见陈瑞华:《西门子的合规体系》,载《中国律师》2019年第6期。

的产品,无从知晓其中的生产过程,劣等产品往往可以伪装成优质产品。① 长此以往,消费者进入交易的积极性被削弱,进而引发"劣币驱逐良币"的逆向选择问题。合规能够成为一个有效的信号,在于合规管理体系的建立需要付出足够高的代价。从原理上说,只要其形成花费足够高的成本,都可以成为有效的信号。正是如此,投入成本构建合规管理体系的企业可以将自己与其他没有投入的主体相区分,从而向潜在的交易或合作对象发送强有力的值得信任的信号。基于这些强有力的信号,企业便可以赢得更多的交易机会,这反过来又会刺激企业在雇佣专业合规人员、完善合规管理体系上更积极地投入。

其次,企业合规在实施过程中能够发挥漏洞填补的独特价值。从制度经济学的视角,制度既包括法律、行政法规这类正式的约束机制(正式契约),也包括行为习惯、行业准则等非正式约束机制(非正式契约)。② 企业作为制度安排的集合体,自然也无法摆脱作为"正式契约—非正式契约"混合体的根本性质。正式契约拥有国家强制力保障实施,但正式契约本身受到立法的有限理性、立法技术、时滞性的影响,并不能保证企业作为一个制度混合体的完整性。非正式契约的存在和有效实施恰是补充和改进了正式契约的不足。③ 详言之,因为合规在内容特征上相比合法拥有更加广泛的外延,所以一个实施有效合规管理的企业相当于为自身设立了更高要求的行为准则,其行为不仅合乎法律法规的各项要求,还能够遵循一定的商业伦理道德要求,也即纳入非正式契约的考量。同时,形式化的合规管理体系构建为契约的有效实施提供了充足保障,

---

① 例如在我国频繁出现的食品安全问题。

② T. Donaldson, T. W. Dunfee, Toward a Unified Conception of Business Ethics: Integrative Social Contracts Theory. Academy of Management Review,1994,2:252-284.

③ 参见李向阳:《美国公司内部控制机制面临的难题》,载《国际经济评论》1997 年第 4 期。

得企业得以实现长久的可持续发展。[①]

最后,当企业建立起了合规管理体系,原来可能实施的违法违规行为就在一定程度上得到有效避免,进而防止或减轻企业潜在的因为违法违规而遭受的经济、财产、商誉损失。更为重要的是,合规管理体系的建立有助于防范法律风险和损失。合规管理的价值在于避免企业遭受此类灭顶之灾,在违法犯罪行为发生前对有关风险予以识别和处置。另外,合规管理可以帮助企业实现责任的有效切割,发挥"隔离带""防火墙"的作用。以雇主与雇员的责任划分为例,既有的裁判文书确认了合规培训记录、合规承诺、合规监控等构成区分单位行为与员工个人行为的有效证据。[②] 同时,依据《反不正当竞争法》第七条的权威解读,企业可以通过证明自身"已制定了有效的合规措施,对员工实施了有效的监督管理"而提出无责任抗辩。

(三)合规监管的实现路径

合规监管的主体及对象得到确认后,剩下的问题为如何构建起适应我国国情的合规监管方式,即在当前环境下我国的合规监管工作应当如何展开。学理上,合规监管存在三种可选择的规范路径。

第一,强制性合规监管,也即通过法律明确规定企业建立合规管理体系的义务,并对拒不履行合规管理义务的企业处以惩罚性措施。我国金融领域的合规立法即采取强制性合规的路径。《证券公司和证券投资

---

① [美]多纳德逊、邓非,赵月瑟译:《有约束力的关系——对企业伦理学的一种社会契约论的研究》,上海社会科学院出版社 2001 年版。

② 参见兰州市城关区人民法院(2016)甘 102 刑初 605 号刑事判决书;兰州市中级人民法院(2017)甘 01 刑终 89 号刑事裁定书。

基金管理公司合规管理办法》第三十二条明确,证券基金经营机构违反该管理办法中有关合规管理的规定,证监会可以采取出具警示函、责令定期报告、责令改正、监管谈话等行政监管措施。《保险公司合规管理办法》也同样赋予监管机关在发现保险公司违反有关合规管理规定后采取责令改正、调整风险评级、调整治理评级等强制性监管措施。

第二,激励性合规监管,是指以合规机制的构建作为减免有关处罚的依据,以激励企业构建合规体系。该种监管模式在检察机关近年推行的"合规不起诉"中有最直接的体现,"合规不起诉"以检察机关的不起诉决定为激励,推动涉嫌犯罪并认罪认罚的企业建立合规管理体系或做出相应承诺。在行政监管领域,相关法律规范为激励性合规的发展开辟了可行通道:一是上文提到的合规作为无责抗辩事由,二是将合规作为宽大处理的依据,尝试将合规管理制度的构建解释为《行政处罚法》第三十二条的从轻、减轻或免除处罚的法定情节。

第三,倡导性合规监管,即以指引的方式鼓励企业建立合规管理体系。该合规监管方式的典型特征在于不具有强制实施的效力。例如《经营者反垄断合规指南》《浙江省平台企业竞争合规指引》等倡导性合规文件均会在附则中明确指引"不具有强制性"。不过这种监管模式也可以通过结合行政指导等制度发挥作用。

结 语

从我国合规法律体系构建的全局来看,三种合规监管模式并不存在非此即彼的互斥关系。作为一种监管机制,不同方式的合规监管各有其独立的价值。三种合规监管模式本身并无优劣之分,只有是否适当之别,而其适当性的程度取决于合规监管方式与其所期望的监管目标的匹配程度。例如,虽然强制性合规具有最强的监管效能,但其对于公司自治权的侵入也是最显著的。以金融领域为例,因为潜藏着较高的系统性风险,可能导致较大的损害后果,因此引入强制性合规便具有较强的正当性和合理性支撑。因此,在合规监管模式的选择上应当秉持比例原则,首先识别不同的监管方式的监管效果,接着识别该种监管手段对于基本权的侵害程度,最后评估该种监管方式成本与监管效果之间的相称性。唯有如此,才能对三种监管方式的边界予以清晰界定,构建起各司其职又相互配合的合规监管法律体系。

论合规监管的路径选择与制度建构

舒金春[*]

摘　要：传统监管模式难以适应数字经济时代的监管需求，亟待转型。企业合规的理念蕴含着合规监管这一新型监管模式。合规监管的兴起有着普遍的时代背景、深刻的法理基础和坚实的规范基础。在展开路径上，合规监管存在强制性合规、激励性合规和倡导性合规三种方式。在制度构建上，合规监管强调构建有效的企业内部合规管理制度，包括全面的合规管理职责、完善的合规组织体系及健全的合规运行机制。在实施机制上，合规监管可以通过合规负责人的任命、合规报告、合规认证和合规评价四种方式落实。结合当前监管环境与法律规范，可以选择合规评价制度推动合规监管的实施。

关键词：合规　合规监管　合规评价

---

　　* 作者介绍：舒金春，浙江大学光华法学院博士研究生。本文是 2021 年度浙江省教育厅一般科研项目"互联网平台合规管理制度研究"（项目编号：Y202148331）成果之一，受互联网法治研究院（杭州）2021 年度互联网法治重点研究课题支持。

一、问题的提出

近年来,随着平台企业的日益壮大和数字经济的快速发展,行政部门传统的"命令控制式"监管模式在应对平台天然的垄断属性和潜藏的系统性风险问题上愈发捉襟见肘。一方面,平台企业借助互联网打破传统市场的边界,实现跨时空、跨地域经营,监管交叉、空白、模糊地带增加。行政部门受制于有限的人力资源和监管成本,难以对平台企业进行实时、全面的监管。另一方面,平台掌握着海量数据,并利用算法组织生产,算法天然的隐蔽性和不可识别性使得监管部门难以获取足够的信息来审查平台的违法行为。这要求行政机关对企业的监管从行为层面转向主体层面,压实平台主体责任,强化平台内部治理,实现对企业主体和经营业务全流程的嵌入式监管。因此,监管部门不再直接对企业进行事无巨细的审查,而是要求企业重视自身管理体系的建设,加强对违法行为的自我规制。企业合规的理念契合这一监管思路,为行政监管领域提供了一种全新监管模式——合规监管。

企业合规指的是企业为有效识别、评估、处置可能发生的合规风险所建立的一整套公司治理机制。[1] 这不仅意味着企业在经营管理过程中要遵守法律法规,而且要求企业针对违法犯罪行为,建立一整套事前防范、事中监控和事后补救的合规管理体系。但是,有效合规管理体系的建立和运行需要高昂的费用投入,并且在短期内难以看到收益。企业追求盈利的天然属性决定了其主动建立合规管理体系的动力不足,

---

[1] 陈瑞华:《企业合规的基本问题》,载《中国法律评论》2020 年第 1 期。

因此必须由政府提供一套外部激励机制。这就使得合规不仅仅是一种企业内部管理规范，而且成为政府促使企业合法合规经营的一种监管机制。在刑事司法领域，最高人民检察院于 2020 年 3 月开始合规不起诉改革试点工作，在依法对企业减免处罚的同时，督促涉案企业作出合规承诺并积极整改落实，从而推动企业合规体系的建设。[①] 在行政监管领域，虽然以反垄断合规为代表的一系列行业治理方式已经开始出现，但合规监管作为一种新兴的监管模式尚未引起理论界和实务界足够的重视。

合规监管代表着监管部门和企业之间的一种全新互动关系。企业不再像过去被动地遵守规则，在违反规则后接受监管部门的惩罚，而是主动与监管部门协同合作，进行内部合规体系建设，从事前到事后全流程防范违规行为。目前学界对行政监管领域合规的研究或停留在对目前已有的监管方式的一般总结上[②]，或对政府介入企业合规管理的现状与风险进行反思[③]，但均未注意到行政监管领域合规的引入带来了监管方式的转变，也未对合规监管在当前制度环境下的路径选择和制度构建做进一步的探索。

本文旨在对合规监管这一新型监管模式进行系统性的考察与论述。论证思路大致可概括为四个问题：第一部分讨论什么是合规监管？采取何种形式进行合规监管？如何构建合规监管的制度内容？如何落实合

---

① 最高人民检察院：《促进"严管"制度化，防范"厚爱"被滥用——检察机关企业合规改革试点工作综述》，https://www.spp.gov.cn/xwfbh/wsfbt/202104/t20210408_515148.shtml#2. 最后访问日期：2021 年 11 月 30 日。

② 陈瑞华：《论企业合规在行政监管机制中的地位》，载《上海政法学院学报（法治论丛）》2021 年第 7 期；孙春蕾：《论作为监管激励机制的企业合规》，载《行政管理改革》2021 年第 4 期。

③ 郑雅方：《论政府介入企业合规管理的风险及其防范》，载《法商研究》2021 年第 3 期；崔瑜：《论企业合规管理的政府监管》，载《行政法学研究》2021 年第 4 期。

规监管？第二部分结合合规监管兴起的时代背景,探讨合规监管的内涵与制度基础;第三部分围绕现有的法律规范和合规实践,分别论述合规监管的三条展开路径;第四部分根据合规监管的本质要求,聚焦企业内部合规管理制度的构建;第五部分探讨在当前制度环境下合规监管的实施机制。

二、合规监管的内涵与制度基础

合规监管是监管部门通过引导企业建立内部合规管理体系,避免企业发生违法或违规行为而设计的一种监管模式。首先,合规监管不同于传统的事后监管方式,它强调事前、事中、事后的全流程监管和常态化监管。通过在企业内部建立风险识别、评估与应对机制,企业可以在事前防范风险的发生,事中及时发现风险并进行监控,事后采取补救措施并完善合规管理体系。政府对企业的监管也不局限于风险发生后,而可以通过合规评价、合规报告等形式对企业合规情况进行定期或不定期的考察。其次,合规监管不同于传统的"严刑峻法"式监管,强调以风险防控为核心的预防性监管。过去对于企业的监管往往依靠法律的惩罚和威慑增大企业违法的成本,从而避免企业违规。合规监管通过为企业设定防范风险的法律义务,注重在企业内部防范和解决合规风险,实现对违法行为的源头治理。行政部门仅仅对不履行风险防范义务的企业施加一定的不利后果。最后,合规监管不同于传统的政府主导式监管,强调行政部门、企业与第三方机构的协同监管。企业在行政部门的要求和鼓励下建立内部治理机制,进行自我监管、自我整改,行使了一定的监督管理权限,而行政机关联同第三方机构对企业的合规管理进行监督评价,从而做到各司其职,协同共治。

合规监管既是一种理念,也是一种新型监管模式。与传统基于事前的准入监管和事后的处罚威慑不同,合规监管的核心在于在企业内部建立一整套合规管理体系,包括一个独立的机构或负责人,负责企业业务全流程的合规工作。基于这一核心安排,合规监管不再规定特定的经营标准或绩效结果,而是给企业设定行政目标,将绝大部分风险防控任务交给企业自身,让企业根据自身的实际情况设计内部管理体系,从而将部分监管责任内部化。而行政机关则通过特定的规制路径和实施机制,对企业的合规情况进行监督,使合规监管在企业落地。从传统监管模式到合规监管,这一监管方式的演变有着普遍的时代背景、深刻的法理基础和坚实的规范基础。

(一)合规监管的时代背景

合规监管产生于日益复杂的监管环境和对风险防控的现实诉求。首先,从监管主体的视角看,监管资源日益稀缺,监管方式亟待转型。大型企业打破传统市场的边界,整合了包括商品销售、社交、金融等在内的多重功能,从传统的环境保护、食品安全、消费者权益,到新兴的平台反垄断、算法治理、数据安全等问题,无一不需要纳入监管范围。传统规制模式要求政府投入大量资源对企业进行事无巨细的监管,这使得政府规制任务愈发繁重,然而政府资源有限的约束未变,因此有必要转换监管方式,提高监管效能。

其次,从监管对象的角度看,业务模式愈发复杂,监管标准亟待重构。传统行业业务模式具有同质性,行政部门可以制定统一的强制性标准,对监管对象进行规制。随着数字经济时代的到来,数据和算法的运用使得企业的业务模式千差万别且更迭迅速,政府无法在事前制定统一的确定性标准并要求企业遵照执行。而且政府与企业之间存在严重的信息不对称,尤其是在监管绩效无法直观衡量的领域,政府无法通过绩效标准来判断企业防控风险的有效性,就更难以获得足够的信息对企业进行规制。这使得传统监管方式越来越难以适应数字经济时代的监管要求,需要调动企业的能动性,制定具有针对性和可操作性的动态标准,强化自我规制。

最后,从监管效能的视角看,风险后果愈发严重,监管时点亟待前移。企业违规不仅会使企业承担合规风险,包括因违法违规受到的法律制裁和声誉损失,而且会直接损害社会公共利益,甚至会威胁国家安全。更为重要的是,数字经济带动了平台企业的快速发展,平台企业跨时空经营的特性、天然的加杠杆能力及平台算法的隐蔽性,使得平台潜藏系统性风险,一旦发生就会造成不可逆的后果。因此,行政机关的监管有必要从事后惩罚转向事前防范,从结果规制转向流程规制,以防患于未然。

(二)合规监管的法理基础

合规监管要求政府与企业互相配合,由传统的"政府规制企业的违规行为"转变为"企业进行自我规制,政府对企业的自我规制进行规制"。这一规制方式在发达国家的社会自我规制理论中被称为"基于管理的规制"(management-based regulation)。在这一规制模式下,政府规制的任务主要是要求和鼓励企业建立内部管理制度,从而形成有效的自我规制机制。① 规制过程重在调整人和组织因素，包括企业内部的组织结构、职责、程序和实施管理制度的资源配置等。② 这一规制模式的正当性主要建立在回应型监管理论上。

回应型监管理论最早由美国学者伊恩·艾尔斯(Ian Ayres)和澳大利亚学者约翰·布雷斯维特(John Braithwaite)于 1992 年提出。③ 该理论针对传统的命令控制型监管的弊端，主张建立政府与非政府的混合监管模式。④ 合规监管体现出强烈的回应型监管特征⑤：(1)强调根据被监管者的具体情况进行针对性监管。回应型监管理论认为，应当根据被监管者的动机和行为选择不同的监管策略。合规管理体系的建立就起到了区分被监管者的作用。企业通过建立有效合规体系证明其守法意愿和能力，监管机构可以据此与未建立合规体系的企业区分对待。(2)注重塑造被监管者的主体意识。回应型监管理论认为，监管主体和手段是多样的，其最终目的是使被监管者能够积极主动地履行责任。合规监管注重企业合规文化的塑造和合规意识的培养，强调被监管主体的自我规制。(3)重视不同监管主体之间的协同。在回应型监管理论看来，最佳监管模式是政府与非政府的混合监管模式。因此不同监管主体之间应当建立合作关系，协调不同的监管策略。特别是被监管者同样作为监管主体之一，应当与其他主体进行充分协商，而不是被动地服从。合规监

---

① See Neil Gunningham, Richard Johnstone, Reulating Workplace Safety: System and Sanctions. Oxford University Press, 1999; Cary Coglianese & David Lazer, Management-Based Regulation: Prescribing Private Management to Achieve Public Goals. Law & Society Review, 2003,37:691.

② 高秦伟：《社会自我规制与行政法的任务》，载《中国法学》2015 年第 5 期。

③ I. Ayers, J. Braithwaite, Responsive Regulation: Transcending the Deregulation Debate. Oxford University Press, 1992.

④ 杨炳霖：《从"政府监管"到"监管治理"》，载《中国政法大学学报》2018 年第 2 期。

⑤ 杨炳霖：《回应性监管理论述评：精髓与问题》，载《中国行政管理》2017 年第 4 期。

管通过在企业内部植入基本组织架构,将具体的合规内容和方式交由企业根据实际情况自行设计,能够引导企业创造性、针对性地提升自身守法表现;同时协同第三方机构,使得内部治理和外部监督相结合。(4)重视监管者与被监管者的沟通。回应型监管理论认为应当消解监管者与被监管者的对立性和紧张关系,把消除合规风险作为双方共同的目标。这需要加强双方的沟通与协作。合规监管通过合规负责人或机构的设置,以及合规评价、合规报告等机制,保持与企业的密切联系,从而共同防范合规风险。

(三)合规监管的规范基础

尽管近年来全国上下关于合规的规范呈井喷之势,不过我国合规管理的制度建设仍然处于探索阶段,涉及合规监管的规定大多为地方规范性文件或部门规范文件,效力层级比较低。尽管如此,行政机关在引入合规监管方面已经作出了不少有意义的尝试,而且对于企业合规的推进也不局限于具备强制性效力的规范,已有很多法律为引入合规监管留下了解释的空间。

1.法律法规

我国目前缺乏专门的法律法规对合规监管模式和企业的合规管理义务进行明确的规范,合规管理义务散落在一些单行法中。比如,《保险法》第八十五条规定了保险公司的精算报告制度和合规报告制度;《证券法》第一百三十条规定,证券公司的业务活动,应当与其治理结构、内部控制、合规管理、风险管理以及风险控制指标、从业人员构成等情况相适应,符合审慎监管和保护投资者合法权益的要求。

随着数字时代的到来和平台经济的兴起,我国陆续出台了《网络安全法》《数据安全法》《个人信息保护法》三部法律,强化了对网络安全、数据安全与个人信息的保护,并在每部法律中均规定了强制性合规义务。这三部法律明确要求从事特定活动的企业制定内部安全管理制度和设立相关安全负责人,并对拒不履行此项义务的企业规定了处罚措施。虽然这些条款的具体适用还有待立法部门进一步的阐释,但通过法律对企业管理做出规定,能够直接深入企业内部的治理架构,强制要求企业设立一系列制度和措施管理公司经营活动,防止企业出现违法违规风险,均体现了合规监管的理念和制度安排。

从立法演进过程来看,立法机关对于合规管理义务的理解也越来越丰富。《网络安全法》仅仅提到网络运营者应当制定内部安全管理制度和操作规程①,《数据安全法》则对企业的数据安全管理制度做了系统的规定,如组织开展数据安全教育培训②,加强数据处理活动风险监测,发现风险立即采取补救措施③,定期开展风险评估并向主管部门报告④等。《个人信息保护法》不仅明确提出,对于提供重要互联网平台服务、用户数量巨大、业务类型复杂的个人信息处理者,应当建立健全个人信息保护合规制度体系⑤,而且赋予了个人信息处理者合规审计的义务。⑥ 这意味着合规的理念逐渐被立法者所接受,合规也开始作为行政部门重要的监管手段,被引入用于从源头处遏制企业的违法行为。

---

① 《网络安全法》第二十一条。
② 《数据安全法》第二十七条。
③ 《数据安全法》第二十九条。
④ 《数据安全法》第三十条。
⑤ 《个人信息保护法》第五十八条。
⑥ 《个人信息保护法》第五十四条。

2.部门规章及规范性文件

从部门规章及规范性文件层面对于合规监管做出规定,首先出现在金融领域。银监会于 2006 年制定了《商业银行合规风险管理指引》,对商业银行董事会、监事会和高级管理层的合规管理职责和合规部门的职责做出了详细的规定。当时的保监会和证监会又陆续出台《保险公司合规管理指引》《证券公司和证券投资基金管理公司合规管理办法》等规范,明确要求企业应当具有完全、完整、完善的内部控制制度,公司的高级管理人员应当具有法定的任职资格。

从 2018 年起,我国行政监管部门先后发布《企业海外经营合规管理指引》和《中央企业合规管理指引(试行)》,从合规管理的组织与职责、运行与保障等方面对企业合规管理提出要求。各地监管部门也纷纷响应,发布了一系列地方规范性文件,为国有企业和中央企业在不同领域的合规管理提供更为细化的指引。

近来关于合规监管的规范聚焦于平台企业反垄断领域,国务院反垄断委员会出台《关于平台经济领域的反垄断指南》,浙江省出台《浙江省平台企业竞争合规指引》。这些监管规定不仅从形式上规定了合规管理制度的架构与运行,而且点明了反垄断合规风险的重点领域,从内容上对企业的行为做出规制,成为合规监管的规范基础。

三、合规监管的路径选择

作为一种新型监管方式,合规监管在学理上有三条可选择的路径,分别是强制性合规、激励性合规和倡导性合规。根据监管领域的特性以及上位法的规定,可以适用不同的合规监管路径。从长远看,强制性合规与激励性合规是更为合适的选择,因为这两种路径具有一定的拘束力,能够有效推动企业建立合规机制。但从短期看,当前合规制度的构建正处在探索期,倡导性合规更具有灵活性和可操作性,能够适应不断变动的合规环境,满足不同领域的合规需求,既能为合规的推进积累经验,又能有效避免上位法依据不足的风险。

(一)强制性合规

强制性合规是指法律对相关企业提出明确的建立合规管理体系的义务,并对拒不履行合规管理义务的企业做出行政处罚的制度。既然企业负有明确的合规义务,那么只要企业没有建立符合要求的合规管理体系,就应当受到行政处罚等负面法律评价。实践中主要表现为由行政监管主体出台强制性合规指引。

合规指引是监管部门为指导企业建立内部合规管理体系而发布的部门规章或规范性文件。监管部门通过合规指引或合规指南,设立合规管理组织体系,明确企业各级人员合规管理责任,规定合规管理流程和合规保障制度,从而为企业构建合规管理体系提供一个标准的模板;对于已经建立合规体系的企业,指引可以起到查漏补缺、堵塞合规漏洞的作用。

强制性合规指引适用最典型的是金融领域。2016年,中国保险监督委员会发布《保险公司合规管理办法》,对董事会、监事会和总经理的合规职责进行了明确的规定,并要求保险公司设置合规负责人和合规管理部门履行专门的合规职责,同时规定保险公司应当建立三道防线的合规管理框架,并建立包括合规审核、合规举报、合规培训在内的一系列合规运行机制。如果保险公司没有履行规定的合规义务,原保监会可以根据具体情况采取责令限期改正、监管谈话等一系列监管措施,对于拒不改正的,还可以依法予以处罚。这意味着合规指引由国家强制力监督实施,从而被赋予了其强制性。此外,2017年,中国证券监督管理委员会发布《证券公司和证券投资基金管理公司合规管理办法》,明确要求在中华人民共和国境内设立的证券公司和证券投资基金管理公司应当按照本办法实施合规管理,并对违反本办法规定的证券基金经营机构、合规负责人、未能勤勉尽责的董事、监事、高级管理人员分别规定了处罚措施。

(二)激励性合规

所谓激励性合规,是指以合规机制的构建作为从轻、减轻或者免除行政监管处罚等方面的依据,以鼓励企业构建合规机制,预防合规风险。相比于强制性合规的"不合规就处罚",激励性合规更侧重对主动行使合规职能的企业进行奖励,而不设定额外的不利后果。企业通过构建合规体系并对体系漏洞进行修补,减少了风险再次出现的可能性,同时对出现的违法后果采取了积极的补救措施,将损失降到最低,因此可以在一定程度上减轻企业的责任。合规监管吸收了协商执法和契约行政的理念,强调企业内部进行自我监管,注重企业自律行为的价值,从而将自我规制与国家规制相结合。在那些没有法律强制要求实施合规管理的领域,监管部门往往倾向于采用一些激励机制,这在理论上可以发展出三种形式。

1.合规作为宽大处理的依据

对于在违法行为发生时已经建立合规管理体系的企业,监管部门可以根据其合规管理制度的建设情况,对企业进行从轻、减轻甚至免除处罚。如根据《证券公司和证券投资基金管理公司合规管理办法》,对于涉嫌违规的证券基金经营机构,如果其建立了有效的合规管理制度,主动发现了违规行为,及时采取了补救措施,完善了合规制度并履行了报告义务,证监会就可以依法从轻、减轻处罚。如果情节轻微并及时纠正违法违规行为或避免合规风险,没有造成危害后果的,甚至可以不予追究责任。[①]

2.合规作为行政和解的条件

对于在违法行为发生时尚未建立完备合规管理体系的企业,如果承诺建立或完善合规管理体系,监管部门可以给予一定的合规考察期,并暂缓实施行政处罚。这一机制被称作行政和解,典型的表现为美国证交会的DPA(暂缓起诉协议)和NPA(不起诉协议)。2015年中国证监会发布了《行政和解试点实施办法》,首次在证券期货等监管领域引入行政和解制度。经过4年的试点,2019年正式将这一制度纳入修订后的《证券法》。虽然《行政和解试点办法》要求和解协议载明行政相对人对涉嫌违法行为进行整改以及消除、减轻涉嫌违法行为所造成危害后果的其他具体措施[②],存在一定的合规整改因素,但从法条可以看出,我国证券领域的行政和解只需要满足三项条件:纠正涉嫌违法行为,赔偿有关投资者

[①] 《证券公司和证券投资基金管理公司合规管理办法》第三十六条。

[②] 《行政和解试点办法》第二十六条。

损失，消除损害或者不良影响的，并且行政和解仅适用于案件事实或法律关系尚未完全明确的案件。这意味着当前我国的行政和解制度更像是证监会为了节省执法成本、保护投资者权益而选择的妥协机制，并不具备任何合规激励的目的。

3. 合规作为责任切割的事由

如果企业需要对企业的员工、客户、第三方商业伙伴和被并购企业的违规行为承担严格责任，企业可以将有效的合规管理体系作为免责事由，切割企业与上述关联人员的责任。这一激励机制的原理在于，企业通过有效的合规管理体系，证明企业已经尽到了充分且合理地防止违规行为发生的义务，违规行为属于行为人的个人行为，企业本身没有任何违规的主观意图，因此可以不承担行政责任。目前我国行政法没有确立完整意义上的严格责任制度，因此也不存在将合规机制的构建作为企业责任切割的法定事由。但随着严格责任制度在行政法领域的激活，作为责任切割事由的合规激励机制将存在广泛适用的空间。

（三）倡导性合规

所谓倡导性合规，是指监管部门采用指导、指引的方式，鼓励企业建立合规管理体系，防范合规风险，本身不具备法律上的强制力。这一机制多用于对问题集中的领域在短期内做出一些针对性的安排。

1. 倡导性合规指引

近两年来市场监管部门对互联网垄断行为进行集中治理，出台了一系列倡导性合规指引。典型的如《经营者反垄断合规指南》，明确合规管理制度涉及的主要内容，阐述了合规管理负责人的重要作用以及合规管理的具体职责，鼓励企业建立完善的合规风险管理流程和合规保障措施，并且点明了反垄断合规风险的重点领域。该指引并不具有强制性，企业可就自身情况及外部环境自行设立合适的合规体系。此外，浙江省市场监督管理局也于 2021 年发布了《浙江省平台企业竞争合规指引》，除了对竞争合规制度的运行和保障做出一般性指引，特别提示了平台企业的主要竞争合规风险。

2. 行政指导

行政指导是行政监管部门在相对人同意的前提下，对其采取的建议、辅导、提醒、规劝、约谈、示范、公示等行政行为。[①] 目前主要表现为两种形式：监管部门或在行政处罚决定做出后向企业发出行政指导书，或在企业被调查期间针对特定问题进行约谈，从而督促企业制定整改方案，进行合规管理。比如，市场监管、金融监管、网络安全监管部门近来对于互联网平台企业的违法违规行为发出一系列行政指导书，要求相关企业全面规范自身行为，严格落实主体责任，完善内部合规控制制度。值得注意的是，行政指导书本身虽然不具备法律上的强制力，但行政监管部门可以要求相关企业根据指导书制定整改方案，明确整改任务和完成时限，报送自查合规报告，并主动向社会公开合规情况。这实际上赋予了行政指导书事实上的强制力。这类整改方案实质上就是针对监管对象合规风险所确立的一项合规监管工作。

---

① 叶志鹏，李蹊：《中央行政指导的运作机制探析——基于省级政府网站建设的案例研究》，载《中国行政管理》2021 年第 5 期。

四、合规监管的制度建构

无论合规监管采取何种展开路径,最终都要通过制度化的合规监管规范对企业提供指导。合规监管规范的制度构建涉及两个层面,一是对现有法律规范进行重复与细化,点明合规风险的重点领域,也即内容上合规;二是规定企业合规管理制度和风险管理机制,也即形式上合规。考察目前已经出台的诸多合规指引可以发现,大部分指引采用了兼具内容与形式的思路。[①] 这一做法混淆了合规与合法的概念,消解了合规这一理念引入的意义,值得略作澄清。

合规监管的目的在于推动企业建立内部管理体系,从而防范因违规造成的法律风险和经济损失。这一监管模式起源于监管资源稀缺、监管对象异质的现实环境,其监管对象的客体从传统的企业行为转向了企业本身。因此,企业合规不仅仅意味着要求企业"依法依规经营",而是强调通过向企业施加"组织化的保障义务",加强企业内部治理,促使企业自我规制。如果在合规监管中详细列举了合规内容,一方面会使企业将合规简单理解为遵守法律,而不会去探索具体的合规管理体系;另一方面限于内容的规定具有滞后性,且不适合业务模式千差万别的企业,难以进行适用和推广。因此合规监管的核心应当在于解决形式合规的问题,引导企业建立合规管理制度,以有效识别、评估、处置可能发生的合规风险。

---

① 如国务院反垄断委员会发布《经营者反垄断合规指南》,其中专章规定了合规风险重点,对经营者在反垄断合规管理中涉及的重点风险进行了概要阐释。

有效的合规管理制度至少包括三个层面：第一，全面的合规管理职责。企业应当做到全员合规，以书面的形式明确企业经营管理负责人、监事或监事会、其他高级管理人员、下属各单位负责人、员工的合规管理职责，并由中高层管理人员带头做出合规承诺，注重企业合规文化建设。第二，完善的合规组织体系。企业应当设立合规负责人（部门），并保证其独立性、专业性、权威性和资源充分性。第三，健全的合规运行机制。合规运行机制的有效运行，应当存在日常的合规工作机制、违规行为发生的风险应对机制和沟通各部门的信息流动机制。

（一）合规管理职责

1. 全员合规

全员合规意味着全方位、全范围的合规。从企业中高层合规管理人员到企业工作人员，都应当履行各自的合规管理职责。具体而言，经营管理负责人主要负责审议批准企业合规管理制度、年度合规报告，决定合规负责人的聘任与合规机构的设置，并负责建立有效工作机制，支持和保障各部门履行合规职能；监事或监事会负责对中高层管理人员履职的监督，并根据《公司法》的规定，有权对未有效履职的成员提出罢免、撤换的建议；其他高级管理人员、下属各单位负责人在其负责领域内承担各项合规管理职责；员工应当通过参加合规培训、报告合规风险等形式履行合规职责。

2.合规承诺

企业经营管理负责人和高级管理人员应当作出明确、公开的合规承诺,将企业的道德标准准确清晰地传达给员工,并在企业经营管理的过程中贯彻这一承诺。一方面,以身作则的公开承诺能够对员工起到示范作用;另一方面,合规承诺将中高层管理人员置于员工的监督之下,从而降低其违规可能性。

3.合规文化

企业通过合规文化建设,可以强化全体员工的合规意识,保障合规管理制度的顺利运行,打造企业依法依规经营的形象,从而增强企业软实力,为企业带来直接或间接的收益。因此企业有责任持续建设合规文化,践行依法合规、守法诚信的价值观,不断增强全体员工的合规意识和行为自觉。

(二)合规组织体系

目前,国内很多法律在引入合规管理义务时皆偏向于强调合规管理制度,对于合规组织体系在合规管理和合规监管中的重要性认识不足。有效的合规管理制度不仅需要对企业内部各部门(机构)的合规管理职责作出规定,更重要的是按照独立性、权威性、资源支持和机制保障的原则,设置专门的合规负责人(机构),负责对企业及其工作人员的经营管理和从业行为的合规性进行审查、检查、监督和指导,并负责与监管部门的工作对接。

1.合规负责人的权威性

企业应当明确合规负责人作为企业高级管理人员的地位,确立合规负责人直接向企业经营管理负责人负责的制度,确保合规负责人(部门)的权威性。这主要是因为:第一,合规负责人的地位直接决定了整个合规体系在企业中的地位。合规负责人全面负责企业的合规管理工作,领导合规管理部门,因此合规负责人需要具有一定的权威性,从而使整个合规部门在公司治理体系中占据重要位置。第二,合规负责人的合规职责要求其具有较高的权威。一方面,合规负责人需要监督企业其他部门的合规履职情况,这必然要赋予合规负责人更高的权限;另一方面,合规负责人需要与其他部门协作,如果合规负责人地位不高,将很难协调部门间的沟通。此外,合规负责人定期向企业经营管理负责人进行合规汇报,这一事实本身就赋予了其较高的权威。第三,合规负责人是企业与监管部门沟通的桥梁,既能代表企业向监管部门提供企业合规信息,又能在一定程度上代表监管部门对企业合规情况进行监督和落实,因此需要更高的权限保障。

2.合规负责人的独立性

企业应当在章程中确保合规负责人(部门)的独立性。因为合规负责人需要对企业所有员工的合规情况进行监督,并对内部规章制度、重大决策、新产品和新业务方案等进行专项审查。如果合规负责人不独立,其监督审查就会受到利益冲突等各种外在因素的干扰,从而无法保证审查结果的客观中立,也无法制止企业的违规行为。因此需要界定好合规部门与业务、财务、资金运用和内部审计等相关部门之间的职权关系,同时指引平台企业从财务、考评、工作权限和程序等方面作出有利于保障合规负责人（部门）独立性的规定。具体而言,首先,应当保证资金独立,对合规部门实行独立预算、决算;其次,保证考核独立,对合规负责人、合规管理人员实行独立的考评机制;再次,应当确保合规负责人的职能独立。一方面,合规管理人员不能在业务、财务、资金运用和内部审计部门等可能与合规管理存在职责冲突的部门兼职;另一方面,企业的股东、经营管理负责人等高级管理人员不能擅自干预合规负责人履职。最后,应当保证其薪资独立。合规负责人的薪酬由经营管理负责人决定,合规管理人员的薪酬由合规负责人决定,而不受企业其他部门的掣肘。

3. 合规负责人的专业性

合规负责人的专业性是合规负责人的合规管理职责的必然要求。这主要体现在对合规负责人的遴选机制上。企业应当在章程中对合规负责人的职责、任免条件和程序等作出规定。保证合规负责人通晓相关法律法规,诚实守信,具有胜任合规管理工作所需要的专业知识和技能。

4. 合规负责人的履职保障

由于合规负责人的独立性,企业应当从运作经费、人员配备、薪酬体系、权利义务等方面提供专门的保障,使合规负责人有充分的人力、物力、财力履行合规管理职能。从运作经费的角度看,应当保证合规负责人有渠道获取必需的经费,使其不因经费不足无法正常履职;从人员配备的角度看,应当为合规管理部门配备足够的具备与履行合规管理职责相适应的专业知识和技能的专职合规管理人员,并保证合规负责人对其的垂直领导;从薪酬体系的角度看,应当保证合规负责人有合理的薪酬,以提高其履职的积极性;从权利义务角度看,应当保证合规负责人对相关合规信息的知情权、对企业重要决策的参与权、对企业违规行为的独立调查权和对经营管理负责人的直通汇报权。

(三)合规运行机制

合规管理的效果依赖于一整套合规管理工作体系的建立健全。这不仅要求企业建立合规部门的日常合规工作机制,还需要针对合规风险建立全流程的识别、评估和处置机制,同时要保证全体员工能够随时在企业内部传递合规信息。

1.合规工作机制

首先,企业应当制定内部合规管理指引,作为企业进行合规管理的纲领性文件,将合规管理职责、合规组织体系和合规运行机制落实到纸面上。其次,企业应当结合当下互联网平台监管中的热点难点,建立内部重大事项合规审查机制,明确未经合规审查不得实施的事项范围。再次,对于员工的合规,企业一方面应当建立合规培训制度,另一方面应当落实合规考核制度,对各部门、下属单位及其员工的合规职责履行情况进行考核和评价。最后,对于企业自身的合规,企业应当建立合规评价制度和年度报告制度,并接受市场监管部门的监督。

2.风险应对机制

企业应当建立一套完善的风险应对机制,对风险从事前事中到事后进行全流程的管理。首先,企业应当定期组织识别、评估和监测业务行为、财务行为等重点行为的合规风险,对于典型性、普遍性和可能产生较严重后果的风险及时发布预警。其次,企业应当根据自身经营规模、组织管理体系、业务内容、市场情况及执法环境,分析和评估合规风险的来源、发生的可能性、后果的严重性等,对合规风险进行评估。最后,企业应当健全风险处置机制。对于尚未发生的风险,应当采取妥当的控制和应对措施;对于已经发生的合规风险,应当立即停止实施相关行为,主动向监管部门报告,积极主动配合调查,及时采取整改和补救措施。在合规风险消失后,还应当针对本次出现的问题,对负责人员进行问责,对合规工作进行查漏补缺,加以改进,以避免再次发生同样的风险。

3.信息流动机制

组织内部的不同部门之间、同一部门上下级之间都存在信息不对称,单靠合规部门对违规行为进行监督并不能完全消除合规风险。这需要全体员工建立合规意识,履行合规职能。因此企业应当建立通畅的合规信息流通渠道,以保证所有相关人员都可以为企业提供合规信息。首先,平台企业各部门、下属各单位及其员工在经营管理中遇到合规相关问题时,可以向合规管理部门咨询。其次,应当建立匿名举报和投诉渠道。企业员工、客户和第三方均有权对违规行为进行举报和投诉,合规管理部门和其他受理举报的监督部门应当及时开展调查。最后,应当建立通畅的合规汇报渠道,确保合规负责人可以定期向经营管理负责人汇报合规管理情况。

五、合规监管的实施机制

对于强制性合规和激励性合规，法律的强制力能够确保合规监管得以实施。但从目前的法律环境看，强制性合规指引常常由于缺乏上位法依据而无法出台。激励性合规同样由于法律供给的不足或者是解释上的模糊，难以成为行政和解的条件和责任切割的事由。比如，根据《行政处罚法》第三十二条，"当事人主动消除或者减轻违法行为危害后果的，以及配合行政机关查处违法行为有立功表现的，应当从轻或减轻处罚"，能否根据此条款将有效合规体系的建设作为宽大处理的依据，还有待相关法律解释和司法案例的进一步阐释。

对于倡导性合规，虽然具有较大的灵活性和适应性，可以对问题集中的领域做一些针对性安排，但由于其非强制性的特点，而且缺乏可验收的标准和跟踪指导、定期报告等长效机制，合规监管很容易流于形式。同样，行政指导书往往只能针对特定的企业发出，覆盖范围有限。因此有必要考察倡导性合规监管的实施机制，思考如何建立一种工作机制，使得监管部门能介入企业的合规管理过程，对企业进行一定程度的监督，从而推动合规监管的落地和企业合规的实施。

学理上，不论是哪一种合规监管模式，监管部门都可以从企业合规管理的四个环节入手，对企业进行监督：一是通过影响合规负责人的任命，直接或间接地影响企业的合规管理工作；二是通过建立常规的和紧急的合规报告制度，实现对企业合规风险状况的掌握；三是建立配套的合规认证制度，对符合合规标准的企业进行认证并向社会公开；四是基于定期和不定期的合规评价，对企业的合规管理工作作出引导。

（一）合规负责人的任命

实践中，金融领域合规监管最重要的抓手之一就是设定合规负责人的任职资格以及任命程序要求。比如，《保险公司合规管理办法》规定，保险公司任命合规负责人不仅需要符合有关任职资格的规定，解聘合规负责人的，还应当在解聘后 10 个工作日内向监管机关报告并说明理由。[1] 这样，通过影响合规负责人的任命资格，监管机关可以筛选出专业技能、任职经历、业务能力等各方面均符合要求的合规负责人，从而保证了合规负责人的专业性和权威性。并且，由于合规负责人的任免均要经过监管部门，合规负责人可以一定程度上代表监管部门的意志，并按照监管部门的要求对企业的合规进行监督，如保持足够频率的沟通交流和日常工作联系，定期或不定期报告合规问题，从而直接或间接影响企业经营决策，引导并激励企业树立起以风险防控为核心的经营理念。

不过，除了金融领域对于合规负责人的任命有明确的上位法授权，其他领域尚未对此有明确的规定，因此以合规负责人作为合规监管和合规管理的衔接点存在合法性不足的问题。随着《网络安全法》《数据安全法》和《个人信息保护法》的陆续公布，网络安全合规、数据合规、个人信息安全合规领域均规定了承担一定合规职能的安全负责人，但对于这一负责人的资格和任命程序，还有待法律进一步的解释。

---

① 《保险公司合规管理办法》第十二条。

(二)合规报告

合规报告是指企业向监管部门提交合规报告的行为。合规报告兼具合规风险的预防和识别两重功能,有助于监管部门适时把握平台企业合规管理工作开展的状况,寻找应对方案;合规报告还可以成为涉嫌从事违法行为的平台企业从轻或减轻处罚的情节依据。目前合规报告主要包括三种形式:第一,由企业合规负责人提交的报告。如《证券公司和证券投资基金管理公司合规管理办法》规定,合规负责人发现证券基金经营机构存在违法违规行为或合规风险隐患的,应当及时向董事会、经营管理主要负责人报告,同时督促公司及时向中国证监会相关派出机构报告;公司未及时报告的,应当直接向中国证监会相关派出机构报告;有关行为违反行业规范和自律规则的,还应当向有关自律组织报告。[①] 第二,由企业提交的年度报告。主要包括合规运行情况、重要业务活动的合规情况、重大违规事件及其处理,能够为监管部门提供关于企业合规情况的全面信息。第三,监管部门要求企业报送的报告。市场监督管理部门可以根据监管需要,依法要求平台报送综合或专项的合规报告。

合规报告制度已在金融领域得到有效实施,《数据安全法》中也已开始纳入重要数据处理者定期展开风险评估并进行合规报告的强制性义务[②],但是其他领域合规报告制度依然存在上位法依据不足的困境。

---

① 《证券公司和证券投资基金管理公司合规管理办法》第十五条。
② 《数据安全法》第三十条。

(三)合规认证

合规认证作为合规评价的一种特殊形式,是指行政监管机关在一段时间内对企业的合规情况进行针对性的评估、审查,对符合标准的企业进行认证并向社会公开。如为激励企业自主建立反垄断合规制度,巴西《第14/2004号条例》规定,对于符合法定标准的企业,巴西司法部经济法律局可以颁发"合规证书"。[①] 合规认证的优势在于可以建立合规管理体系的统一标准,并且针对重点管辖事项对全行业进行评价。需要注意的是,合规认证仅仅代表监管部门对企业一个特定节点合规情况的评价,即使通过了认证,也不代表企业后来不会产生新的合规风险。而且,合规认证的评价主体只有监管部门,如何防止合规认证产生反竞争效应也是需要仔细考虑的一个问题。

(四)合规评价

合规监管最有利的抓手应该是合规评价,也即对企业合规管理行为本身及其有效性展开评估,并以此作为施加不利处分或者有利评价的依据。合规评价本身对企业不具备法律上的约束力,但是合规评价的结果会影响到企业的社会声誉,从而给企业带来无形的压力,激发企业主动改善合规建设。监管部门通过合规评价,可以较为系统全面地掌握企业的合规情况,同时,通过对合规评价体系的构建,也可以对企业合规提供事实上的指引。

---

① See Brazilian Law (Ordinance No. 14/2004).

合规评价可以通过企业自我评价、第三方机构专业评价和行政机关监督评价三种途径实现。自我评价是由企业自身组织有关机构或部门对内部合规情况进行评估,其最大的优势在于企业掌握的信息充分、评价成本低廉;不足在于企业"既当运动员,又当裁判员",评价结果很有可能不够客观。第三方机构专业评价是由监管部门委托第三方,如律师事务所对企业合规情况进行评估,其最大的优势在于专业性强,且有足够的时间和精力从事评价工作,不足在于专业机构也很有可能不够中立,尤其是当专业机构的报酬是由企业支付时,很容易导致专业机构失去中立性,被企业绑架,并且我国目前没有成熟的第三方评价机构。行政机关监督评价是监管部门通过合规报告或者现场检查等方式对企业合规管理工作进行监督和评价,其最大的优势在于评价的权威性和中立性,不足在于行政机关无法掌握足够的信息,同时会受到成本的约束。[①] 显然,任何一种评价模式都无法满足有效的合规评价这样一种复杂服务的提供,最好的模式是三者的结合。

综合来看,由于合规负责人的任命和合规报告制度常常缺乏上位法依据,合规认证制度的效果有待评估,因此当下可以考虑的选择是引入合规评价制度,鼓励企业进行自我评价,同时监管部门以平台企业的自评和自我监管为基础,以第三方机构的评价为参考,以监管部门的随机合规检查评价为最终依据,得出企业合规情况的最终评价,并以此激励企业构建合规管理体系,落实合规监管。

---

① 朱孝清:《企业合规中的若干疑难问题》,载《法治研究》2021 年第 5 期。

劳动合规视角下平台型企业的
社会责任与合规义务

庄钰婷 *

摘　要:随着数字经济的发展,平台型企业通过数据信息收集并利用系统算法快速匹配服务需求及劳动力以此获取中间巨额利润,该模式下的平台企业试图通过"去劳动关系化"模糊从业者身份来逃避雇主社会责任。因此,本文将以平台型企业的"去劳动关系化"现象为切入点,以劳动合规理论为视角,分析平台型企业应承担的以保障劳动者权益为基本要义,以劳动时间、劳动强度、劳动环境、劳动报酬等为主要面向的社会责任,进而提出平台型企业应当以保障劳动者多方面权益为合规义务原则,通过形成自治共同体,利用搭建数据信息披露平台及协同治理等工具加强企业社会责任建设,从而有效提升对劳动者权益的保障。

关键词:去劳动关系化　劳动合规　平台型企业　社会责任

＊ 作者介绍:庄钰婷,暨南大学法学院硕士研究生。本文受互联网法治研究院(杭州)2021年度互联网法治重点研究课题支持。

一、引 言

根据国家信息中心发布的《中国共享经济发展报告(2020)》数据显示,2019 年我国共享经济市场交易规模达到 32828 亿元,共享经济参与人数约 8 亿人,平台企业员工数为 623 万人。对比《中国共享经济发展报告(2021)》,2020 年共享经济市场交易约为 33773 亿元,同比增长约 2.9%,共享经济参与者人数约为 8.3 亿人,其中服务提供者约为 8400 万人,同比增长约 7.7%;平台企业员工数约 631 万人,同比增长约 13%。[①] 近两年数字经济带动的发展更是成倍数增长,平台带来的交易量和涉及的平台从业者人数远超于此,然而平台型企业利用未能与发展增速相适应的劳动管理制度,避免与从业者建立劳动关系,逃避对平台从业者承担相应的用工责任,侵害从业者作为劳动者应享有的劳动权益。

平台企业通过逃避承担雇主责任降低成本的行为是平台运营获取高额利润的策略之一,当平台企业通过低价、福利发放建立用户基础,提高消费者转换至其他平台的成本从而增加用户黏性锁定消费者,其中利益不断受损的却是被平台定价策略操控下的从业者,根据双边市场理论,企业对双方用户的最优定价必须同时考虑和平衡双边需求,通过价格总水平在市场双边用户间的合理分配,从而促进双边用户同时对平台企业服务产生需求,但从现有平台企业市场观察,由于存在众多竞争企

---

① 数据源自国家信息中心官网发布的 2020 年和 2021 年《中国共享经济发展报告》,网址:http://www.sic.gov.cn/News/557/10779.htm,访问日期:2021 年 8 月 30 日。

业,平台定价会向某一方参与者倾斜吸引用户,此时定价策略多是对劳方不利。无论是协议的签订、劳动风险成本的转移还是信息数据的隐瞒或利用都使得从业者成为平台企业掠夺利润、避税逃税或是其他违法违规行为的"工具"。

从另一层面而言,无法否认数字经济下平台企业的灵活性是企业绑定从业者的关键,传统模式下对劳动者的高度控制已脱离劳动者的追求,由此衍生平台企业的迅猛发展已是既定事实,也相应推动部分就业机会的产生及地方经济水平的提高。在新兴行业产生之时,由于法律的滞后性及经验的缺失,必定会存在一定的发展空间以及时间让群众认识新兴行业,让公权力部门摸索规制路径,但如今平台型企业已然出现一些损害大批群体利益的负面影响,甚至大量的违规违法现象浮出水面,此时对其进行监管已迫在眉睫。

二、平台型企业的"去劳动关系化"现象

(一)"去劳动关系化"现象

劳动过程是将劳动力同生产资料相结合,由劳动者借助劳动资料使劳动对象发生变化的过程。在市场经济中,不同劳动力和生产资料的结合方式产生劳动关系及去劳动关系化两种类型。其中,传统劳动关系模式有人格从属性、经济从属性和组织从属性的特点,劳动者基于此居于劳资关系的弱势地位,劳动法规强制企业承担劳动者部分风险成本,维护其劳动权益,因此劳动者让渡自身部分的工作时间、工作地点等内容

的选择自由而换取工资报酬以及劳动法规定的社会保险、工伤赔偿和福利待遇等保障。

"去劳动关系化"现象指的是劳动者不成为资本所有者的雇佣员工,其劳动过程较于传统劳动过程的从属性大幅度弱化的劳资结合方式,资本所有者与劳动者建立受民法调整的平等社会经济关系而不纳入劳动法规的保护范畴。然而,平台企业与平台从业者的关系间,显性的管理控制、工作安排被隐形化,其实质是披着平等法律关系的外衣而遮蔽、去除雇佣或从事从属性劳动束缚的劳动交换方式,劳动者在不自觉的情况下逐渐被剥夺对平台工作的掌控权,同时也失去了应得的劳动保障。

"去劳动关系化"现象指明如今的平台型企业不仅未能缓和劳资关系,甚至严重侵害劳动者权益,试图通过逃避劳动合同签订、社会保险购买、工伤的赔付及税款的缴纳义务,维持用户群体持续扩张、利润高速变现的现状。经统计,2018年至2020年,北京、上海、广东、浙江四地涉及新就业形态相关民事纠纷一审案件超过2000件,侵权类案件占71%,多为从业者配送过程中因交通事故引发的赔偿纠纷,劳动争议案件占29%,主要为确认劳动关系、追索报酬及工伤赔付相关案由。[①] 同时,平台型企业通过将平台从业者注册为个体工商户,由其以"经营所得"自行履行纳税义务以及与第三方用工平台合作转移该部分所得相关的税款缴纳责任的方式,以平台型企业未与从业者建立劳动关系为由逃避税收管理制度的规制也一定程度上导致国家的税收损失。

---

① 参见单国钧、李军、王磊等:《新就业形态下平台用工关系法律性质的界定规则》,载《人民法院报》2021年9月23日第7版。

(二)"去劳动关系化"的动因

"去劳动关系化"现象作用于平台经济中,使得平台从业者与平台型企业的模式不仅提高生产要素利用效率,优化资源配置,同时也推动企业用工与劳动者就业更灵活化,究其根本,是在平台型企业追求利益、生产要素变更及相关制度滞后的共同作用下由市场主体自发选择的结果。在此背景下产生的"去劳动关系化"不仅包括以自由之名遮蔽事实劳动关系的形式,也包括非标准劳动关系或是网络平台提供劳务的自由职业者,但唯有企业刻意规避劳动关系却实质进行劳动管理控制,逃避承担社会责任,此种遮蔽事实劳动关系的形式才是下文讨论的劳资关系范畴。

1. 利益追求:平台型企业降低用工成本

资本所有者为了实现资本增殖,扩大雇佣劳动规模、剥削雇佣工人,使得传统劳动关系天然具有工人从属资本所有者的特性,资本雇佣劳动,劳动者被资本剥削的本质即使在今日的平台经济中也未被改变,在如今该形态仍占据主流地位的前提下,依然需要坚持保护劳资关系弱势群体的利益,而平台型企业逃避作为保护工具的法律规制,根本动因就是对经济利益的追求。平台型企业减少劳动者社会保险、工伤赔付、福利待遇等用工成本,弹性化用工,从业者能够自主选择劳动与否、劳动时间、劳动对象,看似双赢关系的背后,平台型企业为与其他企业竞争,提高企业服务质量,利用算法管理和评价系统隐性逼迫从业者接受工作任务、遵守管理制度,不顾牺牲从业者劳动权益,追求企业利润最大化,致使"去劳动关系化"在更大规模和范围内涌现。

2. 生产要素变更：信息数据成为主要生产资料

在"去劳动关系化"现象产生之初，颇具争议的内容在于平台型企业与平台从业者之间的生产资料所有者是劳动者，根据传统劳动关系标准理论，生产资料应由资本所有者提供，但在"去劳动关系化"现象中，传统的有形资产生产资料可以由劳动者提供。这一变化主要归因于信息、知识、技术等无形资产要素在生产过程中的地位和重要性的变化。平台型企业利用数据信息作为生产要素，拓展企业用工边界，凭借信息传播范围和速度的优势，提升资源配置效率，同时改变传统劳动者在工作时间、工作场所执行工作任务的固定模式，使得原来认定劳动关系的用工管理模式、报酬支付等形式特征弱化，导致其表面上丧失劳资关系的从属性和依附性。

3. 制度滞后：劳动关系"两分法"对现实回应乏力

根据我国现有的劳动关系认定标准[①]，平台从业者与平台型企业之间的法律关系因从属性弱化而难以适用该标准认定为劳动关系且只能归为非劳动关系，为遮蔽事实劳动关系的行为预留空间，而"全有或全无"的劳动保护模式，即有劳动关系者受到保护，无劳动关系者基本无劳动保护的现状，致使平台型企业更肆无忌惮逃避用工责任。与此同时，

---

① 原劳动和社会保障部 2005 年下发的《关于确定劳动关系有关事项的通知》明确："用人单位招用劳动者未订立书面劳动合同，但同时具备下列情形的，劳动关系成立。（1）用人单位和劳动者符合法律、法规规定的主体资格；（2）用人单位依法制定的各项劳动规章制度适用于劳动者，劳动者受用人单位的劳动管理，从事用人单位安排的有报酬的劳动；（3）劳动者提供的劳动是用人单位业务的组成部分。"

平台型企业关注国家加大劳动保护和社会保障力度的动向、相关部门监管灵活弹性用工模式的难度大、劳动关系司法认定标准未成型等一系列的因素助长了平台型企业模糊从业者劳动者身份的行为动机。

三、劳动合规视角下平台企业的社会责任

（一）企业社会责任与平台企业社会责任

"企业社会责任"最早由英国学者欧利文·谢尔顿（Oliver Sheldon）提出。[①] 20 世纪 80 年代，企业社会责任理论在经济全球化的国际大浪潮中逐渐引起各国注意，并发展成为一项全球性的社会运动。作为一种全球共同倡导的话题，企业社会责任是经济社会不断发展和时代进步的产物。[②] 关于企业社会责任的内容边界，卡罗尔（Carroll）早在 1979 年提出社会责任内容金字塔模型，并提出企业社会责任是企业的经济责任、法律责任、伦理责任及慈善责任的综合。[③] 我国有学者认为从社会角度来看，企业社会责任应当包含经济责任，法律责任和道德责任。[④] 崔丽在结合社会主义现代化建设"五位一体"总布局后提出与之对应的经济责任、政治责任、文化责任、建设责任和生态责任。[⑤]

[①] 参见李殷、颜贤斌：《中国企业对员工履行社会责任的缺失及对策》，载《中国经贸导刊》2015 年第 23 期。

[②] 崔丽：《当代中国企业社会责任研究》，吉林大学博士学位论文，2013 年。

[③] 参见阳镇：《平台型企业社会责任：边界、治理与评价》，载《经济学家》2018 年第 5 期。

[④] 参见周祖城：《企业社会责任：视角、形式与内涵》，载《理论学刊》2005 年第 2 期。

[⑤] 参见崔丽：《当代中国企业社会责任研究》，吉林大学博士学位论文，2013 年。

互联网的飞速发展孕育了互联网平台企业等新兴企业组织形态,如今繁多的互联网平台企业不断迅速发展,在平台经济的大背景下,平台企业成为履行社会责任的新主体是企业社会责任的应有之义。2007 年12 月,作为中国互联网的巨头企业之一,阿里巴巴集团发布中国互联网行业的首份社会责任报告,报告也指出"企业的社会责任应内生于商业模式,并与企业发展战略融为一体。只有使社会责任成为企业内在的核心基因,才能具备恒久性和可持续性"①。

平台型企业将移动互联网、大数据、移动支付、超级计算、人工智能、物联网等新型技术运用到平台运作,因此,相比传统企业社会责任而言,平台企业的责任呈现更加多样化的新特点,具体可总结为:一方面,平台企业的多重身份。多数平台并非生产和销售的主体,而是介于买方和卖方之间,为双方提供交换商品、服务或信息的"桥梁",提供促成双方交易的"场所"。平台企业本质上是企业的一种新型组织形式,同时又发挥创造"虚拟"市场的功能。同时,平台企业也是自身的"监管者",平台企业是信息交易的中介和场所,监督和管理平台用户和平台经营者不同主体的身份特性意味着其在社会中承担不同的角色,承担不同的社会责任。另一方面,信息的真实和安全。电子交易的非接触性,用户难以有效获取商品和卖家的真实信息,给信息来源的真实性带来巨大挑战。同时,大数据、算法以一种前所未有的方式对用户个人隐私信息进行收集和分析,信息安全维护是平台企业的一项极其重要的社会责任。

---

① 参见《阿里巴巴集团 2007 年度社会责任报告》第 3 页。

(二)以保障劳动者权益为基本要义的平台社会责任

自企业社会责任概念提出以来,劳动者权益保障一直是社会讨论和关注的重点。全球第一份《企业社会责任行为准则》(以下简称"CSR 守则")产生于 20 世纪 90 年代初的李维斯(Levi-Strauss)公司,在无人性的工作条件下压迫女工的事件曝光后,出台 CSR 守则挽回社会形象,随后美国大型跨国企业纷纷效仿,形成 CSR 运动,而这一过程中由美国经济优先权委员会起草制定的社会道德责任标准(以下简称"SA8000 标准")则成为至关重要的产物。SA8000 标准全名虽与"社会道德责任"相关,其主要内容体现在《世界人权宣言》及《国际组织劳工宪章》中的劳工标准,SA8000 标准严格规范企业在工作场所社会责任关于工作时间、薪酬福利、组织工会自由的集体谈判权利等八个与劳工权益相关的表现,是继 ISO9000 质量管理体系、ISO14000 环境管理体系后适用于世界各地、所有行业的国际标准。联合国原秘书长科菲·安南在 1999 年 1 月底的达沃斯世界经济论坛年会上首次提出"全球契约"(Global Compact)计划,并于 2000 年 7 月下旬在联合国总部正式启动。截至 2021 年 12 月 17 日,共有 160 多个国家和地区的 13000 多家公司和 3000 家非商业签署方加入,是世界上最大的企业可持续发展倡议。[①] 全球契约中再次强调劳工标准,仅次于人权相关宣言。自此开始,无论是政府、企业还是社会公众,都越来越深刻地认识到:企业在创造利润、发展自身经济的同时,对劳动者也承担着不可忽视的社会责任,甚至有学者指出"作为全球首个

---

① 数据源自联合国全球契约委员会,网址:https://www.unglobalcompact.org/about/governance/board,最后访问日期 2021 年 12 月 29 日。

道德规范国际标准，社会责任标准 SA8000 的出发点便是保护员工合法权益"①。

与传统企业相同，电子商务平台应当遵守劳动者保护规则，保障其雇员享有作为劳动者的合法权益。然而，从 20 世纪 90 年代初市场经济体制改革到平台企业如雨后春笋般迅猛发展，企业的社会责任经历了两次"弱化"：第一次是市场经济体制改革。在计划经济时代兴起的"企业办社会"，企业自办幼儿园、中小学校甚至医疗机构，以方便解决职工子女教育和看病需求，然而，随着市场经济体制改革和国有企业改制的推进，政府与企业关系分离，政府对企业的监管和控制开始减弱，企业的社会责任在中国企业中迎来了第一次"弱化"，重发展，轻责任的趋势开始出现。第二次是"互联网＋"时代平台经济的兴起，相比传统企业，平台企业经营具有虚拟性、隐蔽性等特点，传统监管模式屡屡"失灵"，企业社会责任缺失严重，企业社会责任的"弱化"愈加明显。

企业社会责任的两次"弱化"致使本应得到重视的劳动者权益保障在资本逐利等各种因素下更是受到严重忽视。平台经济作为新生的经济形态，为社会创造大量的就业岗位的同时，也致使其从业者在劳动时间、劳动强度、劳动环境及劳动报酬方面产生与传统劳动关系劳动者相异的特征。

1.劳动时间

无论是法定的标准工时制、不定时工时制或是综合计算工时制，均

---

① 李殷、颜贤斌：《中国企业对员工履行社会责任的缺失及对策》，载《中国经贸导刊》2015年第 23 期。

为劳动者提供稳定、可预见的且有限度的工作时长规定,合法保障员工的休息权利能够提高企业效益已是共识,而平台企业利用看似无尽的、流动的劳动力资源,打着自由的名号,对从业者提供服务的时长毫无限制,从企业本身的角度而言,短期内大幅盈利,但对从业者而言,很容易在数据算法的逼迫下丧失工作与休息的平衡,甚至因生计所迫超时劳动致使生命健康受到威胁。

2.劳动强度

劳动强度的变化集中体现在平台企业利用云计算挖掘从业者提供服务的极限,并以扣除一定比例报酬作为未达成工作任务的惩罚条件,造成从业者在紧张和焦虑情绪下采取危险行为以满足任务要求。相较于传统工作环境中,对员工工作能力的评判主要由领导岗位的人员基于数据以及对员工个人性格状态的综合主观评价模式,纯通过数据信息追求工作极限的模式过于缺乏人情味,长此以往将对从业者身心健康造成巨大的伤害。

3.劳动环境

传统劳动环境中的生产资料、工作场地及相关配备设施由企业负责,员工共同享有使用该资源的权利,并受劳动法规保护。而现如今低门槛、自由灵活、无限制的平台工作需要从业者自行准备工作所需的生产资料等资源,平台仅提供数据信息,在贫富差距的基础上加剧劳动环境差异化。同样的工作任务在不佳的劳动环境中进行,从业者的危险性要大于在较良好的劳动环境中完成的从业者,且当从业者因意外事故造成工伤时,平台从业者与平台企业未建立劳动关系的现状使从业者自担风险,并进一步恶化生活条件,造成不良循环。

4. 劳动报酬

根据《2021年中国外卖骑手工作及生活状况调研报告》[①]显示,近四成的骑手超负荷工作达12个小时,但月收入在3000～5000元的占比最高,大多数骑手全月无休,其中75％曾因配送超时被罚款,意味着骑手通过"高工时"并未换来"高收入",甚至可能未超过最低工资标准,而平台奖励规则苛刻、条款任意变更等平台企业技术与规则相关的纠纷更是进一步造成从业者获得劳动报酬的权益无法被保障。较于传统劳动报酬计算规则是可知且可提出异议的,平台企业劳动报酬的计算方式是非公开的,从业者无法了解劳动报酬组成部分,更无法与平台企业协商报酬,从业者更隐蔽地处于弱势地位。

这种变化进一步加大劳资关系间资本对劳动的剥削力度,同时平台从业者与平台企业间的关系因弱从属性难以被纳入现有的劳动法规保护范畴而造成本应有的劳动权益得不到保障。因此,在劳动合规理论视角下,平台型企业应当承担以保障劳动者权益为基本要义,以劳动时间、劳动强度、劳动环境、劳动报酬等为主要面向的社会责任。

确立劳动者保障为基本要义的社会责任是倒逼企业主动遵守有关劳动权保障立法的关键,也是将公司组织与劳动权联系起来的纽带。劳动者权益保障方面的措施是企业承担社会责任不可缺失、关键的一环。作为企业方的电子商务平台,应当承担起应尽的社会责任,不应利用自身的经济和信息优势,不合理地转嫁用工风险,侵犯平台从业者的合法

---

① 《2021年中国外卖骑手工作及生活状况调研报告》,网址:https://zhuanlan.zhihu.com/p/387887202。

权益。只有提倡企业秉承以人为本的经营理念,才能形成企业、劳动者、社会的三方共赢的良好局面。

四、劳动合规视角下平台企业合规义务

(一)劳动合规义务的价值遵循:构建和谐劳动关系

2015年3月21日,中共中央、国务院发布《关于构建和谐劳动关系的意见》,提出将构建和谐劳动关系作为一项紧迫的任务,从依法保障职工基本权益、健全劳动关系协调机制等方面入手营造构建和谐劳动关系的良好环境,即意味着互联网平台型企业应为实现构建和谐劳动关系履行企业社会责任,以构建和谐劳动关系作为基本价值,追求履行劳动合规义务。

随着平台从业者劳动时间、劳动强度、劳动环境的自由化和灵活化,作为生产要素的数据信息较传统的生产要素更为隐蔽,导致通过逃避用工责任而盈利的平台企业脱离劳动法规束缚,以从业者自由选择为名,无视从业者休息休假、获得劳动安全卫生保护、接受职业技能培训等权利。然而,平台企业在利用这一发展潮流揽收红利的同时理应更自觉承担起从业者各项权益保障的责任,履行合规义务。企业所做的慈善活动是企业履行社会责任的一种体现,但应清晰地看到这可能只是作为一种外部宣传,员工或从业者作为企业内部最大的一批直接影响企业利润高低的利益相关者,企业通过合法手段与其做到互利共赢,做好这一部分群体的利益关怀,才能真正称得上具有企业社会

责任。

因此,平台企业合规义务履行途径包含两方面:其一,有选择性地将满足一定条件的从业者由劳务关系变为劳动关系,自觉接受劳动法规约束并承担用工责任,对于未建立劳动关系的从业者根据地方性法规缴纳社会保险、工伤保险以及承担工伤赔付责任;其二,采取保障从业者劳动权益的一系列措施,如对累计超过一定工作时长或已连续工作长时间的从业者强制停止其继续提供服务、构建补贴制度,对因疾病、重大事故申报补贴资助的从业者经资质审查后予以经济帮助,对因工作原因受伤的从业者提供协助申请工伤保险赔付的咨询或代办服务等。在企业经营和资源范畴内,主动解决从业者或企业所在行业、区域的问题,涉及从业者技能发展、工作与生活平衡、公共服务享受等方面,从而直接或间接影响平台企业声誉,促进其在行业领域的发展,也能够为其他平台企业提供相应的经验。

(二)自我社会责任建设:形成自治共同体

随着各行业平台企业的涌现以及企业形态的发展和逐渐成熟,竞争也日益激烈,以核心企业为主体的社会责任自我建设模式不健全,则无法在现如今劳动者权益已严重受到侵害的现实基础上使劳动关系得到有效治理和规范。相比起利用政府公权力进行监督和协调,平台企业与非营利性社会组织多主体共同治理的成本相对较低,根据不同的诉求,各主体能够实现多元的企业社会责任与发展平衡共赢,因而更具有灵活性、多元性却不失约束力,使得互联网行业的平台企业群体在相互分享良好实践经验中走向可持续发展。劳动合规视角下的平台企业社会责任自我建设可以从制定自律公约入手,如倡导平台企业依法纳税,从严惩治利用第三方平台虚开增值税发票行为;倡导根据不同需求为平台从业者购买不同类型的保险,依法按照地方社会保险规定为从业者缴纳社会保险;倡导对因工作原因受伤的从业者主动承担工伤赔付责任等。

除了企业社会责任自我建设比利用政府公权力监督更具有灵活多元的特点,企业社会责任自我建设相较于法律规定的硬性约束而言更偏向于软约束,其中包含企业内部的自我治理以及寻求具有共同利益或目的的组织形成更为庞大的自治共同体,自治共同体通过分享学习资源并积累履责所需的要素,从而形成适于各领域平台企业的运营规则、交易服务准则、从业者权益维护路径等内部秩序。而在平台企业主体间同时存在竞争和合作双重关系时,作为行业主导者的核心企业在顺应科技潮流积累既有资源并揽收不少福利的条件下率先承担协调角色,发挥引导作用,帮助行业内部构建稳定的、可长期赖以生存的市场环境。2021年12月27日,中国互联网协会互联网行业社会责任建设工作委员会正式成立,中国互联网协会副理事长黄澄清当选第一届委员会主任委员,阿里巴巴、百度、京东、美团、滴滴等12家企业相关负责人当选第一届委员会副主任委员,非营利性社会组织与各企业合作目的在于做好交流宣传、信息披露、标准编制等工作,共同促进企业履责意识,探索互联网在社会责任领域的发展,为促进互联网高质量发展作出贡献力量。[①] 由核心企业领头,携手其他相关企业主体共同构建平台企业主体间有效的约束和激励机制时,就能够调动平台企业共同参与秩序建立的活动,从而激发平台企业的道德自觉,结合外部监督与社会舆论对平台企业社会责任形象

---

① 参见中国互联网协会网:中国互联网协会互联网行业社会责任建设工作委员会第一届委员会第一次全体成员会议在京召开,网址:https://www.isc.org.cn/zxzx/xhdt/listinfo-40938.html,访问日期:2021年12月29日。

的影响,确保平台企业内部企业社会责任价值观念体系的有效运行。

(三)合规工具:搭建数据信息披露平台及协同治理

技术变革带来新的企业社会责任,平台企业以数据信息的平台化运作作为营利模式,信息数据的安全利用及适度披露自然成为平台企业治理工具之一。基于平台企业信息数据交易的隐蔽性,以核心企业领头搭建数据信息披露平台,不仅有利于利益相关方及时了解企业运营状态,从业者和合作方能够及时选择加入或退出,也有利于政府部门的监督管理,使得平台企业的商业行为更公开透明。

数据信息披露平台通过发布企业社会责任报告或构建评级机制的方式对平台企业进行有效治理。首先,大数据、云计算、人工智能等技术需相应地提高在平台企业社会责任治理中的作用,用信息数据技术手段实时监督平台企业的履行社会责任情况。其次,对用户而言,平台企业的声誉度一定程度上影响其消费选择,平台企业内部价值选择无法契合行业总体的社会责任行为理念的,通过发布社会责任报告或降低评级的方式,扩散其负面作用,反推企业通过履行合规义务提高企业运营效率及改善企业社会责任形象。

与此同时,数据信息披露平台与平台企业主体共同达成的自律公约相衔接,配合政府监管部门监管行为,以技术治理为手段,形成有针对性的协同治理体系。平台社会责任缺失不仅仅是企业所有者微观层面个体决策所导致的,更是平台企业面临的宏观社会责任市场环境、企业内的治理体系构建共同导致的结果,因此,以平台企业作为合规义务主体,其目标在于尽可能减少企业通过逃避用工责任等方式规避企业的社会责任,培育企业内生性的合规及履责动力。

检察机关推行企业刑事合规的
实践与思考

汪江连　吴晶晶　罗　京 *

摘　要：近年来，我国企业犯罪问题凸显，如何实现对企业犯罪的有效惩治日渐成为学界和司法实务界关注的热点。企业合规工作，特别是企业刑事合规工作也因此日益受到广泛重视。依法保护企业家合法权益、营造企业健康发展法治环境，是近年来检察机关的重点工作之一。刑事合规是新时代检察机关积极拓展职能参与社会治理的新探索，具有重大而深远的意义。

关键词：检察机关　企业刑事合规　检察建议　附条件不起诉

---

* 作者介绍：汪江连，中国计量大学法学院副教授，法学博士；吴晶晶，浙江省台州市黄岩区人民检察院第二检察部副主任、员额检察官；罗京，浙江省台州市黄岩区人民检察院第二检察部检察官助理。

一、企业刑事合规的背景

"企业合规"是一个舶来品,始于 20 世纪 60 年代美国的探索,于 21 世纪进入快速发展时期,澳大利亚、意大利、英国、法国等国相继颁布合规的法律法规。合规最早被理解为"法规的遵守",这里的法规既可以是正式的法律也可以是具体的行业标准或者仅仅是道德上的鼓励。[①] 合规的主要功能是防控法律风险,保持企业的可持续发展。刑事合规作为合规的下级概念,是指为避免因企业或企业员工相关行为给企业带来的刑事责任,国家通过刑事政策上的正向激励和责任归咎,推动企业以刑事法律的标准来识别、评估和预防公司的刑事风险,制定并实施遵守刑事法律的计划和措施。[②] 陈瑞华教授将刑事合规归纳为三大类,即合规出罪制度、合规获取宽大刑事处罚和暂缓起诉或不起诉制度。[③] 其中美国确立的就是不起诉协议和暂缓起诉协议制度,即对于进行了有效合规的被追诉企业通过签署和解协议,采取不起诉或者暂缓起诉的措施。[④] 英国、法国、澳大利亚等国,则效仿美国,确立了暂缓起诉协议制度。

近年来,我国对企业合规越来越重视。2018 年国资委等部门发布

---

① 转引自托马斯·罗什,李本灿:《合规与刑法:问题、内涵与展望——对所谓的"刑事合规"理论的介绍》,《刑法论丛》2016 年第 4 期。

② 参见孙国祥:《刑事合规的理念、机能和中国的构建》,载《中国刑事法杂志》2019 年第 2 期。

③ 参加《以检察履职助力构建企业合规制度》,载《检察日报》2021 年 3 月 1 日第 3 版。

④ 参见李玉华:《刑事合规:创新检察履职助推企业高质量发展》,载《检察日报》2021 年 3 月 15 日第 3 版。

《中央企业合规管理指引(试行)》《企业境外经营合规管理指引》等法规,确定了企业合规管理的国家标准。在此背景下,刑法学者对刑事合规制度展开了热烈的讨论,有学者呼吁确立以企业合规进行无罪抗辩的机制,并将合规作为法定量刑情节①;有的主张将企业合规引入认罪认罚从宽制度当中,由检察机关对认罪认罚的涉罪企业提出从宽处理的量刑建议②;有的建议借鉴西方国家的暂缓起诉协议制度,迫使企业通过承诺建立合规体系来换取检察机关的不起诉决定③。而在制度构建方面,越来越多的刑法学者主张借鉴未成年人附条件不起诉制度,即检察机关对涉罪企业设立一定的考察期限,对涉罪企业进行监督考察,将企业在规定的考察期内能否建立有效合规体系作为是否对其采取不起诉的依据。④

依法保护企业家合法权益、营造企业健康发展法治环境,是近年来检察机关的重点工作之一。检察机关作为国家法律监督机关,不仅承担着立案侦查、逮捕、公诉、提起公益诉讼等职能,还在办案中积极贯彻社会综合治理的司法理念,探索参与社会治理的新方式。其中引入刑事合规机制是检察机关营造法治化营商环境,参与社会治理的最新探索。⑤为此,2020 年 3 月,最高人民检察院启动涉案违法犯罪依法不捕、不诉、不判处实刑的企业合规监管试点工作,并确定了上海市浦东新区、金山

---

① 参见时延安:《合规计划实施与单位的刑事归责》,载《法学杂志》2019 年第 9 期。

② 参见李勇:《检察视角下中国刑事合规之构建》,载《国家检察官学院学报》2020 年第 4 期。

③ 参见霍敏:《探索企业犯罪司法治理新模式》,载《人民检察》2020 年第 12 期。

④ 参见欧阳本祺:《我国建立企业犯罪附条件不起诉制度的探讨》,载《中国刑事法杂志》2020 年第 3 期。

⑤ 参加童建明:《充分履行检察职责 努力位企业发展营造良好法治环境》,载《检察日报》2020 年 9 月 22 日第 3 版。

区人民检察院,广东省深圳市南山区、宝安区人民检察院,江苏省张家港市人民检察院以及山东省郯城人民检察院这六家基层检察院为改革试点单位。除了前述六家试点单位,在全国范围内也有部分检察机关从中央保护民营经济健康发展以及服务保障"六稳""六保"的政策目标出发,也自发探索涉案企业合规考察制度并出台试点实施意见或细则。2021年6月3日,最高检出台《关于建立涉案企业合规第三方监督评估机制的指导意见(试行)》,旨在为依法推进企业合规改革试点工作中建立健全涉案企业合规第三方评估机制提供指导。

二、检察机关开展企业刑事合规的主要模式

(一)试点情况概述

从整体看,目前检察机关推行刑事合规工作可分为三个阶段:第一个阶段是检察机关做出刑事合规的决定,第二个阶段是监督企业开展刑事合规建设,第三个阶段是验收企业合规成果,给予企业相应司法红利或惩处。

在开展的企业合规探索和试点中,呈现出很多本土化特征,可谓亮点纷呈,试举几例。

深圳市宝安区人民检察院:该院在全国首创了"企业刑事合规独立监控人"制度。所谓独立监控人,是指受涉罪企业委托,对企业刑事合规情况进行调查、规划、监督的律师事务所。独立监控人的主要职责是就企业刑事合规情况进行调查,协助涉罪企业制定合规计划以及协助检察

院监督合规计划的执行，并针对其履职情况、企业刑事合规建设出具阶段性书面监控报告，作为检察院作相应处理决定的参考。

浙江省岱山县人民检察院：该院虽并非最高检确定的试点单位，但其从营造稳定公平透明、可预期的法治化营商环境的目标出发，于2020 年 9 月 27 日出台了《涉案企业刑事合规办理规程（试行）》，为涉案企业经合规整改可获从宽处理提供了全流程的办案指引。根据该规程，检察官办理涉企案件刑事合规业务的基本流程为：企业认罪认罚—出具合规承诺—确定整改方案—合规监督员进驻—整改考察期—公开听证—从宽处理—合规整改的监管激励。该规程还提出了几大创新内容，即合规整改周期首次明晰、整改方案内容首次标准化、合规监督员首次多元化，以及刑事合规办案首次案件化办理等。

辽宁省人民检察院：为服务保障民营经济健康发展，2020 年 12 月 16日，辽宁省人民检察院等十个机关联合制定了《关于建立涉罪企业合规考察制度的意见》。这是全国唯一一个由省一级单位发起，并且参与会签部门最多的文件。该意见全面、详细、可操作性强，并在以下方面独具特色：其一，就类罪（包括污染环境罪，破坏自然资源罪，生产、销售伪劣产品罪，走私犯罪，银行保险企业犯罪，地方金融组织犯罪，税收犯罪，商业贿赂，扰乱市场秩序犯罪）的合规考察主体和重点考察内容作出了相应的规定；其二，尽管没有设立"独立监控人"，但意见要求合规考察期内涉罪企业聘请律师、会计师、税务师等专业人员参与合规计划的执行与评估，并独立发表意见；其三，对于拟作不起诉决定的合规考察案件，要求检察机关进行不起诉公开审查，并邀请行政监管机关、参与合规考察的专业人员参加，全面审查涉罪企业的合规建设情况。

（二）合规不起诉制度

在检察机关进行的合规探索中，值得关注的是合规不起诉制度。所谓合规不起诉，是指检察机关对于涉嫌犯罪并认罪认罚的企业，在其承诺或者实施有效合规管理体系的前提下，对其作出不起诉决定的制度。

在探索合规不起诉过程中，主要创造了两种制度模式：一是"检察建议模式"；二是"附条件不起诉模式"。前者是指检察机关在审查起诉过程中，对于犯罪情节轻微同时认罪认罚的企业，在作出相对不起诉决定之后，通过提出检察建议的方式，责令其建立合规管理体系。后者是检察机关在审查起诉过程中，设立一定的考验期，对涉嫌犯罪的企业暂时不予起诉，并对企业建立刑事合规的情况进行监督考察，在期满后对考察合格的企业，作出不起诉决定。这两种模式目前都适用于犯罪情节轻微，并自愿认罪认罚和愿意进行合规整改的涉罪企业，且要求企业具有积极配合诉讼活动的行动，如退赃退赔、补缴税款、缴纳罚款等等。同时，检察机关会对企业进行走访考察及听取相关行政部门和乡镇街道的意见，再根据企业的经营状况，犯罪的性质、情节，违法犯罪记录等，决定是否启动刑事合规。

这两种模式虽然在具体适用中存在以上的共同点，但在推进企业建立刑事合规体系方面，存在着启动时间、具体方式、制度载体和约束力等方面的差异。

1. 检察建议模式

(1)企业合规检察建议的性质

检察建议模式是目前检察机关探索合规不起诉采取的主要制度模式。《人民检察院检察建议工作规定》明确规定检察建议是人民检察院依法履行法律监督职责,参与社会治理,维护司法公正,促进依法行政,预防和减少违法犯罪,保护国家利益和社会公共利益,维护个人和组织合法权益,保障法律统一正确实施的重要方式。检察建议主要分为再审检察建议、纠正违法检察建议、公益诉讼检察建议、社会治理检察建议及其他检察建议五种类型。其中,社会治理检察建议,主要针对检察机关在履行检察职责过程中发现的违法犯罪隐患、管理监督漏洞、风险预警和防控问题。因此,检察机关办案过程中向涉案企业提出的建立和完善合规管理体系的检察建议在性质上属于社会治理检察建议的类别。

(2)提出合规检察建议的时间

检察机关在做出相对不起诉决定后,向企业提出建立和完善合规体系建设的检察建议,具有法律依据。面对存在诸多制度缺失和管理漏洞的涉罪企业,如果检察机关只是"不诉了之"显然是远远不够的,因为如果涉罪企业存在的合规管理漏洞不能及时堵上,就无法消除其再犯的"基因"。[①] 一方面,检察机关应当在法定的审查起诉期限内,进行对涉罪企业是否适用相对不起诉制度的审查;另一方面,应当进行合规调查,在作出不起诉决定后,向企业发出合规检察建议。如笔者所在的浙江省台州市黄岩区检察院发出的一份企业合规建议为例,叶某某是浙江某建筑公司的法定代表人和实际经营者,其在没有实际货物交易的情况下,以

---

① 参加李奋飞:《论企业合规检察建议》,载《中国刑事法杂志》2021年第1期。

收取开票费的方式向另一企业开具增值税普通发票,累计开票金额达1300余万元,基于叶某某有自首、认罪认罚、缴纳罚款、滞纳金等从宽情节,本院依法对浙江某建筑公司和叶某某作出相对不起诉决定。而在审查起诉阶段,检察机关已多次到企业实地走访,并排查发现了企业存在的财务制度、经营管理不规范问题,在送达不起诉决定书之后向企业提出了建立合规管理体系的检察建议。

(3)合规检察建议的约束力

不可否认,检察建议对于涉案企业具有一定的约束力,但由于检察机关提出合规检察建议是在不起诉决定之后,此时,相关责任人员都已经被宣告无罪,避免了被判处刑罚,企业也免受罚金处罚,这使得企业无论最终是否能够建立起行之有效的合规管理体系,几乎都不再承受什么压力。而如果被建议企业不认真对待合规检察建议,在规定期限内不予整改,或者敷衍塞责,检察机关通常只能将情况报告上级人民检察院,通报被建议企业的行政主管部门或者行业自律组织等。在缺乏外部监管压力的情况下,指望企业主动投入合规成本来建立合规管理体系是不现实的。从实务中的情况来看,有的涉案企业虽然及时做了书面回复,并承诺进行合规建设,但其合规整改措施并不到位,其在检察建议督促下制定的合规文件,不太可能得到真正的执行。而针对已经做出不起诉的企业或自然人,因为不履行检察建议而被检察机关撤销不起诉决定,重新提起公诉的微乎其微。

检察机关向涉案企业提出合规检察建议,目的是督促、引导和帮助企业进行合规整改,以强化企业自我监督、自我完善,最终实现依法依规经营。但如果提出建议后,不能对合规整改情况进行持续监管,那很容易流于形式。停留在纸面上的合规,对公司治理几乎不能产生实质性的影响,对其识别、管控合规风险、预防再次违法犯罪难以起到实质性的作用。

（4）对加强合规检察建议有效落实的建议

随着认罪认罚从宽制度等司法改革的深入推进，检察机关在刑事诉讼中的主导地位日益凸显。但在通过向涉案企业提出合规检察建议从而督促、引导和帮助企业建立合规管理机制方面，检察机关应有的作用还未能充分发挥出来。尤其是如前文所述，检察机关提出企业合规检察建议的时机选择不当，难以激活检察裁量权中的激励因子，无法为企业建立和完善合规计划提供内在动力。因此，笔者建议检察机关在宣告不起诉决定之前，对企业建立合规体系的问题进行调查核实，并提出合规体系建设的检察建议，这样就能激励企业以实施合规措施来换取相对不起诉。正因为存在这种强大的外部激励机制，涉案企业对于检察机关的检察建议才具有采纳并真正落实的动力。

2.附条件不起诉模式

附条件不起诉模式是在借鉴发达国家暂缓起诉协议制度的基础上确立的一种合规不起诉模式。目前，在我国，附条件不起诉仅适用于轻微的未成年人刑事案件。但目前一些进行合规不起诉探索的检察机关，也将合规机制引入公诉制度中，使之具有附条件不起诉的制度形式。

（1）企业合规程序的启动

检察机关在决定启动企业合规程序之前，一般会对企业的性质、涉嫌犯罪的事实、认罪认罚情况、有无违法犯罪记录、是否退赃退赔、取得被害人谅解、是否具有合规建设的意愿等因素进行全面审查和评估。此外，检察机关可以召开听证会，邀请公安机关、行政主管部门、人大代表、政协委员、人民监督员、工商联等参与，听取意见，以便确定是否启动合规程序。企业具有建立刑事合规体系意愿的，应当向检察机关提交较为具体的合规计划。

目前，部分试点院创设的"独立监控人"或"刑事合规专员"制度，能够有效配合检察机关启动合规程序。如前文提到的深圳市宝安区检察院联合区司法局创设的受涉罪企业委托的"独立监控人"制度，让其对企业的合规管理情况进行调查、规划。① 又如，深圳市南山区人民检察院设立的"刑事合规专员"制度，其中一项职责就是协助配合承办检察官开展案件的启动审查和协议签订。②

而采取附条件不起诉模式的检察机关，都会配套建立合规监管协议制度。合规监管协议，是指检察机关与涉案企业就企业配合调查、采取补救措施、建立合规计划、接受合规监管、报告合规进展情况等所达成的协议。检察机关和涉案企业一旦签署了该项协议，都要受到该项协议的约束。

（2）企业合规考验期的设置

对于适用附条件不起诉的企业，检察机关在法定的审查起诉期限之内，为企业实施合规计划确定一个合理的考验期。目前，检察机关设置的考验期基本上是 1～6 个月和 6～12 个月两种。在考察期内，检察机关将定期对企业执行合规计划的情况进行监督考察，并对企业进一步完善合规建设进行指导。

（3）企业合规的监管和考察

检察机关对企业开展合规体系建设的监管和考察是目前实务中面临的主要难题。前文提及部分试点检察机关采取"独立监控人"和"刑事

---

① 参见《深圳市宝安区检察院、深圳市宝安区司法局关于企业刑事合规写作暂行办法》。

② 参见《深圳市南山区人民检察院关于涉企业犯罪案件适用附条件不起诉试点工作方案（试行）》。

合规专员"制度,以对企业开展合规进行监督。检察机关一般从律师、会计、税务等专业人员中加以委任。独立监控人和刑事合规专员要对企业建设合规体系的情况进行调查,协助企业制定合规计划,协助检察机关监督合规计划的执行,对企业推进合规计划的情况定期出具书面监管报告,以作为检察机关作出不起诉决定的参考。

除此之外,也有检察机关采用替代性的改革措施。如宁波市检察院对企业实施合规考察,会委托相关行政监管部门担任合规考察机关,对企业完善合规计划的情况进行监督,并跟踪企业进行制度整改和合规实施的过程,定期派员对企业合规计划的实施进行监督考察,并将考察情况向检察机关进行书面反馈和合格效果评估,向检察机关提交涉案企业合规考察评估报告。[①]

(4)企业合规审查和作出不起诉决定

在合规考验期届满之前,检察机关要对涉案企业履行合规协议的情况进行综合审查和评估。对于严格遵守合规监管协议,顺利执行合规协议,完成制度整改、建立合规管理体系的企业,检察机关应当作出不起诉的决定。反之,对于拒不履行、不认真履行合规监管协议所确定的义务,或者不服从监督,以及实施新的违法犯罪行为的企业,检察机关应当提起公诉。

具体来说,检察机关会要求独立监控人或刑事合规专员在考验期满之前,根据其监督考察情况,出具专门的监督考察报告,经过审查报告,对企业是否履行完毕刑事合规计划、是否违反监督考察规定等进行认定,作出是否提起公诉的决定。另有一些检察机关要求作为合规考察机关的行政机关,在合规考察期满之前,督促企业提交合规自查报

---

① 参加《宁波市人民检察院关于建立涉罪企业合规考察制度的意见》。

告,并向检察机关提交企业合规考察评估报告。检察机关根据考察机关的评估报告等材料,作出是否提起公诉的决定。

不难发现,相较于合规检察建议模式,附条件不起诉模式更有助于发挥合规激励的效果,对于促进企业建立合规管理体系具有更明显的优势。尽管附条件不起诉模式在理论上具有优势,却与现行制度难以兼容,其实施效果有赖于法律制度的变革。

三、检察机关开展企业刑事合规的局限与出路

由于目前对刑事合规工作理论研究和实践探索均处于起步阶段,如何在检察工作中推进刑事合规工作,还面临着较多问题。

(一)企业合规的适用范围窄

目前,检察机关探索企业合规通常只将那些可能判处三年以下有期徒刑的涉企轻微刑事案件作为适用对象。即使在少数检察机关的改革方案中,合规不起诉适用于直接负责的主管人员和其他直接责任人员应当判处三年以上十年以下有期徒刑的涉企刑事案件,也需要具有自首、立功或者在共同犯罪中的从犯等法定减轻情节才能适用。[①] 这大幅度限制了企业合规监管程序的适用范围,使检察机关对涉企案件行使酌定不起诉裁量权时显得束手束脚。

---

① 参见《辽宁省人民检察院关于建立涉罪企业合规考察制度的意见》。

因此，为了激励那些已经认罪认罚的涉案企业建立有效的合规管理体系，首先应从内部工作机制为不起诉裁量权"松绑"，让检察机关敢用、愿用酌定不起诉权，以尽可能让那些认罪认罚且承诺建立或者完善合规管理体系的涉罪企业能够得到不起诉处理。未来，应当在涉企刑事案件中扩大酌定不起诉的适用范围，同时防止不起诉后对涉罪企业和直接负责的主管人员或其他直接责任人员"一放了之"。这需要探索完善"不起诉替代处罚多元体系"，以督促、引导和帮助涉案企业完善合规管理体系，真正起到防范、化解、控制合规风险的作用。[①] 即使对那些犯罪性质较为恶劣或者造成较为严重后果的涉企案件，无法作出不起诉处理，如能完成合规管理体系建设，检察机关也应提出更为轻缓的量刑建议，以激励更多企业建立和完善合规管理制度，进而发挥企业合规在犯罪治理中的重要作用。

（二）合规尚未成为法定量刑情节

基于我国刑法秉持的罪刑法定原则，对于适用减轻处罚和免除刑罚情节有严格的限制。不可否认，司法机关已经将与合规相关的情况纳入酌定量刑情节予以考量，如涉罪企业认罪认罚、积极退赃退赔、缴纳罚款等。但是合规的核心价值在于完善企业治理、对企业违规违法行为的有效预防以及在发生违法违规行为后积极有效的应对。假如一个企业建立了这样的合规计划，并可以对未来犯罪行为的发生发挥有效预防作用，那么司法机关能因此做出从轻处罚决定吗？基于目前合规尚未被我国刑法确定为法定的量刑情节，给予从轻处罚缺乏法律依

---

① 参见李奋飞：《论企业合规检察建议》，载《中国刑事法杂志》2021年第1期。

据。未来,将合规作为涉企案件的法定量刑情节,并作为科处刑罚的重要依据。司法机关将企业预防犯罪的积极努力以及企业再犯罪的可能性进行认真评估,这无疑能使合规成为更多涉罪企业的强烈追求。

(三)企业附条件不起诉制度尚未引入

前文对附条件不起诉模式做了详细的论述,该制度模式对于推进企业合规管理体系的建立和完善具有明显的优势。但我国刑事诉讼法仅在未成年人犯罪案件中确定了附条件不起诉制度,适用的范围也仅限于可能判处一年有期徒刑以下刑罚的案件。而在法律尚未明确对企业可适用附条件不起诉的情况下,检察机关以合规为由参照未成年人附条件不起诉制度恐有违法之嫌,而且也会面临以下障碍。

一是合规考验期过短。西方国家推行暂缓起诉协议制度,检察机关与涉案企业达成和解协议的,通常需要设置一年至三年的考验期,而我国检察机关在探索合规不起诉改革过程中,通常设置的考验期不超过一年。如此短的考验期,很可能使合规计划流于形式,难以取得实际效果。但审查起诉时限受严格的法律限定,故检察机关在审查起诉环节开展企业刑事合规工作面临的首要问题是如何将合规工作嵌入刑事诉讼程序,实现平稳衔接,避免与现行法律法规出现冲突和违背。

要解决这一问题,首先在实体方面,要确保案件事实清楚,证据确实、充分,法律适用无分歧,定罪处刑无异议;在程序方面,要确保充分听取犯罪嫌疑人、辩护律师、诉讼代表人和相关单位的意见,有明确被害人的,应书面征询被害人意见,充分考虑对被害人利益平衡,坚持对双方平等保护。在具体操作中,可与认罪认罚程序同步引入值班律师、辩护律师介入制度,对审查认定的罪名、可能判处的刑期等关键性意见,进行律师见证,必要时进行社会调查和听证会商。在强制措施方面,可对犯罪嫌疑人采取取保候审等非羁押措施,采取逮捕等强制措施的,也可通过羁押必要性审查,变更强制措施,为适当拉长审查起诉时限提供充分的事实和法律依据,为刑事合规工作创制所需的时间和空间条件。

二是合规监管人选任难度大。发达国家在推行暂缓起诉协议制度过程中,创设了独立合规监督官或合规协调人制度,吸收外部专业人士协助检察机关监督企业的合规进展,对企业是否实施有效的合规计划作出专业性的评估。[①] 我国一些检察机关在推行合规不起诉制度时,虽然确立了外部监控人或合规监管人的制度。但此项工作具有高度专业性,需要业务精湛、执业经验丰富的资深律师、会计师、审计师、税务师、工程师都能够参与其中,方能保证合规监管的顺利实施。但是,如何吸收优秀的外部专业人员进入合规监管人名录,如何督促这些合规监管人提供称职的合规监管工作,如何督促合规监管人遵守职业行为守则,防止出现与被监管企业发生不正当的利益输送,都将是难题。在这一方面,法院在破产清算案件中对破产管理人的监控制度,可以成为检察机关对合规监管人进行有效监督的经验。另外,有试点地区专门就独立监控人的选任和管理出台规定,设置了具体又严格的选任条件、独立监控人应履行的职责和义务,也具有很好的借鉴意义。[②]

(四)程序衔接不畅、工作配合不够

检察机关开展企业刑事合规工作的各个阶段,均不能独立开展实

---

① 参见李玉华:《我国企业合规的刑事诉讼激励》,载《比较法研究》2020 年第 1 期。

② 参见《深圳市宝安区司法局关于企业刑事合规独立监控人选任及管理规定(试行)》。

施,需要协调公安机关、行政机关、行业协会和企业等共同完成,如何组织开展好相关工作,对检察机关而言是一项较为艰巨的任务。

1.与公安机关的程序衔接与配合

在我国,大多数涉企刑事案件的立案侦查权归属于公安机关。公安机关在动辄长达数月乃至一年以上的侦查时间里,对案件采取专门性的调查活动,对相关嫌疑人采取强制措施。在很多情况下,公安机关会对嫌疑人采取剥夺人身自由的强制措施,对涉案企业采取查封、扣押、冻结等强制性处分措施。因此,当案件进入审查起诉程序时,涉案企业早已经受到影响,此时,检察机关对企业进行必要保护、挽救和整改的最佳时机也已经错过,开展企业合规的效果也大受影响。

为解决这一难题,检察机关应当充分利用审查批捕和提前介入的时机,尽早发现符合适用合规条件的案件,及时引导侦查取证,督促公安机关缩短侦查期限,尽早与企业达成合规监管协议。

2.与行政部门的程序衔接与配合

在我国很多涉企案件,都采取了行政处罚前置制度,也就是先由行政主管部门对涉案企业展开行政调查,甚至做出行政处罚,对于其中涉嫌犯罪的企业,再移送刑事侦查部门进行立案侦查。在行政调查和刑事立案侦查之间,就存在一个"时间差",也存在一个程序衔接问题。检察机关在将企业合规纳入公诉程序时,经常面临"孤军奋战",无法获得行政主管部门支持和配合的问题。对于部分涉案企业而言,如果行政部门在行政调查中作出了取消特许经营资格、取消上市资格、吊销营业执照等严厉的处罚,那么进入刑事诉讼程序后,检察机关就不可能吸引企业选择合规程序了。另外,检察机关确定和执行合规计划,都有赖于相对应的行政主管部门的配合。

解决以上问题,必须抓好检察环节的刑行衔接工作。检察机关应加强与同级税务、市场监管、住建等相关行政机关的协作配合,构建相应工作机制,在将行政机关作为专业力量引入合规考察工作的同时,为行政机关后续开展行政合规检查和行政处罚奠定基础,实现司法与行政的无缝衔接,以刑事合规、刑罚的威慑作用,提升企业刑事合规积极性,以后续行政合规、行政处罚为辅助,引导企业合法经营,实现企业合规工作高水平发展。

同时,检察机关应及时将合规工作向地方党委、政府进行汇报和沟通,主动将合规工作融入地方党委、政府的工作大局,坚持在地方党委的领导下,在地方政府的支持下开展相关工作。要根据本地企业刑事案件的情况和特点,梳理推进工作思路,制定相应工作方案,明确任务节点,确保工作的有序推进,确保工作取得实效;要注重加强与公安、法院、司法局、行政主管部门的沟通联系,争取理解和支持,确保工作既兼顾各方意见,稳妥开展,又适度前瞻,敢于创新,力争在转变观念中破解难题,在更新思路中寻求发展。

(五)企业合规建设成果评价难

涉罪企业的合规成果直接关系其认罪态度是否真实转变,再犯可能性是否确实减小,检察机关是否应对其予以从轻减轻处罚,但由于企业经营涉及较强专业性,如何评价其合规建设成果是当前合规工作面临的最为迫切需要解决,也是最困难的问题。

有学者提出有效刑事合规要以"预防机制""识别机制""应对机制"

三方面标准和"合规制度""合规组织机构""合规文化""合规培训""合规风险识别""合规风险评估""合规风险处置""合规审计""合规调查""合规举报""问责与惩戒""持续推进"12项要素为参照。① 笔者认为,对于不同规模和性质的企业,应建立不同的合规标准和评估合规有效性的原则。具体来说,在推行企业合规初期,应根据案件实际损害法益种类和情况,针对性地设定所附条件和相应监管举措,构建以犯罪嫌疑单位、犯罪嫌疑人进行整改、赔偿等方式为核心的受损法益修复模式,组建以检察机关为主导,由相关行政机关、行业协会牵头开展的合规监管工作模式,明确违反监管条件的后果和相应的惩戒举措,明确合规考察合格后,可能给予企业减轻刑罚、行政处罚的预期,确保涉企犯罪嫌疑人有条件、有能力履行相应义务,自愿、自觉接受监督管理。

检察机关结合司法办案推进企业刑事合规工作,不仅可以强化检察机关的法律监督地位,更能彰显检察机关司法行为的积极能动性。未来,检察机关一方面要坚持自身的法律监督职能,以规划者、统筹者、监督者的定位做好对企业合规工作的设计、组织和评价,明确企业是刑事合规工作的对象,是刑事合规建设的主体,切不可脱离检察工作职能,替代企业开展合规建设,影响、干扰企业经营。另一方面,应根据企业合规工作的推进情况,进一步调整、拓宽工作思路,以全面提升检察机关服务企业发展动能、增强合规工作实效为出发点,形成覆盖涉企犯罪诉讼全流程的企业刑事合规工作格局。

---

① 参见李玉华:《有效刑事合规的基本标准》,载《中国刑事法杂志》2021年第1期。

判决文书与会议综述

美国诉福克服务公司案

胡　铭　徐丽捷[*]译

【案件概述】

福克服务公司自愿向检察机关披露其可能违反法律。经过充分协商，其与检察机关签订了为期 18 个月的暂缓起诉协议（DPA），在此期间，福克将继续与联邦当局合作，并实施实质性合规计划。根据 DPA，检察机关对该公司提出了刑事指控，并根据《快速审判法》与该公司联合提出了"在评估该公司是否遵守协议条件之前，暂停计算启动审判时间"的动议。地方法院以"控方在同意和组织 DPA 方面的条件过于宽松"等理由驳回了该动议。双方及时提交上诉申请，哥伦

　　* 译者介绍：胡铭，浙江大学光华法学院教授，博士生导师，法学博士，教育部"长江学者奖励计划"青年学者，第九届"全国杰出青年法学家"，主要从事诉讼法学、司法制度研究；徐丽捷，浙江大学光华法学院硕士研究生。

比亚特区巡回上诉法院针对此问题进行审理,最终撤销原裁定,发回重审。

判决主文

审理法院:美国哥伦比亚特区巡回上诉法院

时间:2015 年 9 月 11 日,辩论;2016 年 4 月 5 日,判决

被上诉人:美国

上诉人:福克服务公司(FOKKER SERVICES B. V.)

判决意见[巡回法官斯里尼瓦桑(SRINIVASAN)]:

宪法将刑事指控决定的优先权分配给检察机关(the Executive Branch)。[①] 检察机关的指控权包括是否提起指控、指控谁、提起何种指控以及是否撤销指控。长期以来,司法机构普遍缺乏对这些行政决定进行事后批评的权力,更罔论强加自己的指控偏好。相反,法院在很大程度上将控方的指控决定视为既定决定,并在执行被告有罪判决和确定适当量刑方面发挥更积极的作用。

在特定情况下,检察机关不必在追求刑事定罪或完全放弃任何刑事指控这两个对立的极端之间作出选择,而可以基于公共利益的需要,以采用暂缓起诉协议(deferred prosecution agreement,以下简称 DPA)作

[①] 涉及起诉权时,判决主文中将该类机构表述为 the Executive Branch,直译为行政机关。为便于国内读者理解,遂在涉及起诉权的机构时将美国语境下的"行政机关"统一译为"检察机关"。——译者注

为折中选择。基于 DPA,检察机关正式对被告提出起诉,但如果被告在规定期限内遵守协商条件,检察机关即同意撤回所有指控。被告能够通过遵守这些条件来证明其遵守法律。否则,检察机关可以根据协议中承认的事实起诉。

本案起因于 DPA 的运作与《快速审判法》(*The Speedy Trial Act*)规定的时间限制之间的相互影响。由于暂缓起诉涉及刑事指控的正式启动,该协议触发了《快速审判法》中启动审判的时限要求。为了使检察机关能够评估被告在协议期限内对 DPA 条件的完成度(有可能因此撤回起诉),《快速审判法》特别允许法院在检察机关根据 DPA 暂缓起诉的期间内暂停计算启动审判的时间。

在本案中,上诉人福克服务公司自愿披露其可能违反联邦制裁和出口管制法(federal sanctions and export control laws)。经过充分协商,公司与检察机关签订了为期 18 个月的 DPA,在此期间,福克将继续与联邦当局合作,并实施实质性合规计划。根据 DPA,检察机关对该公司提出了刑事指控,并依据《快速审判法》与其联合提出了在评估该公司是否遵守协议条件之前,中止计算审判时效的动议。地方法院驳回了该动议,因为在法院看来,控方在同意和组织 DPA 方面的条件太过宽松。在其他反对意见中,法院认为检方不应当放弃对公司个别高管提起刑事指控。

本院撤销了地方法院驳回联合动议的裁决。本院认为,根据该法案,地方法院无权依 DPA 拒绝中止计算审判时效的请求,这是因为只有检察机关才享有提出不同指控或起诉不同被告的权力(We hold that the Act confers no authority in a court to withhold exclusion of time pursuant to a DPA based on concerns that the government should bring different charges or should charge different defendants)。在对检察机关指控决定具有独立性达成长期共识的背景下,国会提出法院

可以根据 DPA 批准中止计算审判时效。法案的条文或架构并无显示任何颠覆这些基于宪法原则的意图,司法机关无权对检察机关在提出及撤回刑事指控时行使的自由裁量权作出评价。

然而,本院没有立场评价地方法院对检察机关在本案中的指控决定的担忧。最根本的原因是,这些决定是由检察机关而不是法院做出的。因此,本院同意检察机关提出的出具训令(a writ of mandamus)的请求,发回重审以便进行与本意见一致的进一步诉讼。

一、案情回顾

《快速审判法》规定了完成刑事诉讼各个阶段的时限。例如,该法要求在检察机关提交资料或起诉后 70 天内开始审判。该法还将各种审前阶段排除在 70 天时间之外。需要特别提出的是,该法排除了"检察官(the attorney for the Government)①根据 DPA 协议在法院批准下推迟起诉的任何延期,目的是让被告证明其品行端正"②。

---

① 此处直译为政府律师,但结合我国语境,政府律师实际上扮演了我国检察官的角色,故而将其翻译为检察官。——译者注

② 18 U. S. Code § 3161(h):The following periods of delay shall be excluded in computing the time within which an information or an indictment must be filed,or in computing the time within which the trial of any such offense must commence:(在计算必须提交资料或起诉书的时间时,或在计算必须开始对任何此类罪行进行审判的时间时,应排除下列期间)

(1)……

(2) Any period of delay during which prosecution is deferred by the attorney for the Government pursuant to written agreement with the defendant,with the approval of the court,for the purpose of allowing the defendant to demonstrate his good conduct.(检察官根据 DPA 协议在法院批准下推迟起诉的任何延期,目的是让被告证明其品行端正。)

该豁免旨在使控方能够通过 DPA 解决案件。DPA 及其庭外类似机制——不起诉协议(non-prosecution agreements,以下简称 NPA)——为控方提供了一种中间选择。例如,当控方认为刑事定罪可能难以实现或可能对被告或第三方造成不必要的附带后果,但也认为被告不应该完全逃避责任时,就可以选择 DPA 或者 NPA。DPA 和 NPA 通常都包括获得承认的事实陈述,要求遵守"旨在促进遵守法律和防止再犯的条件",并在一至三年内保持有效。在此期间,如果被告不遵守协议条款,检察机关可以根据已承认的事实进行起诉。尽管检察官过去不常使用 NPA 和 DPA,但近年来这两种协议显著增加。

DPA 与 NPA 的主要区别在于是否提交刑事指控。对于 NPA,"不提交正式指控,即协议由双方维护,不再向法院提交"。相比之下,DPA "通常基于检察机关提交的正式指控文件"。

因此,DPA 的可行性取决于《快速审判法》中规定的此类协议的具体排除规则。提交材料或起诉通常会触发法案的 70 天时限,在此时限内必须开始审判。但在 DPA 案件中,如果被告要履行协议的条件,控方将在规定的期限(通常为一至三年)结束时,在有选择的情况下撤回所有指控。如果没有第 3161 条(h)(2)款中规定的 DPA 法定排除期间,如果被告在 70 天后违反协议,检察机关将丧失基于承认的事实进行起诉的权力,这在很大程度上消除了被告不遵守 DPA 条款的不利后果。故而,DPA 的法定排除期间对于协议的有效运行至关重要。

福克服务公司(Fokker Services,即荷兰航空航天服务公司)为其前身公司制造的飞机的所有者提供技术和后勤支持。2010 年,福克主动向美国财政部和商务部披露,其可能违反有关伊朗、苏丹和缅甸的联邦制裁和出口管制法。在福克自我披露前,没有政府机构对该公司展开任何调查。

在接下来的四年中，福克与联邦当局进行了广泛的调查。该公司协助约谈相关证人，加快推进检察机关根据《司法协助条约》(*The Mutual Legal Assistance Treaty*)向荷兰当局提出调取文件的请求，并启动了内部调查。福克的内部调查显示，从2005年到2010年，该公司参与了1147次非法交易，获得了约2100万美元的总收入。该公司制定了补救措施来改进其有关制裁的合规计划，采用了一套程序来跟踪零件，并加强了员工培训要求。该公司还解雇了总裁，降职或重新分配了其他参与违规行为的员工。该公司的合规工作被政府官员描述为"其他公司效仿的典范"。

鉴于福克的合作、补救措施和其他减轻罪责的因素，联邦机构与公司经过协商达成了一项全球和解协议。作为全球和解协议的一个组成部分，其中包括了一个18个月的DPA。在DPA的18个月期间，福克将继续与检察机关充分合作，实施新的合规政策，并支付总计2100万美元的罚款和罚金（相当于该公司从非法交易中获得的总收入）。福克还对DPA附随规定中事实陈述所描述的行为承担责任。

2014年6月5日，根据协议，检察机关向地方法院提交了针对福克的一项指控材料，并附上DPA。该材料指控福克意图违反《国际紧急经济权力法》(*The International Emergency Economic Powers Act*，以下简称IEEPA)。同一天，检察机关和福克提出了一项联合动议，要求根据《快速审判法》中止计算审判时效，以便"允许公司展示其良好行为并实施某些补救措施"。

地方法院随后举行了一系列情况会商(status conferences)，在会上反复强调其对公司个别高管没有受到任何刑事指控的担忧。法院要求检察机关提交补充书面意见,解释存在什么司法利益支持法院批准 DPA 中所包含的交易,并说明福克最初向检察机关披露的信息是否是自愿的。作为回应,检察机关描述了为什么"针对福克服务公司的拟议决议是公平的,并且是检察机关自由裁量权的适当行使",且确认没有任何迹象表明"福克服务公司是出于对不存在的美国政府调查的担忧而进行的披露"。地方法院之后表示,可能仍会拒绝根据 DPA 提出的动议,因为控方在同意和组织 DPA 方面的条件太过宽松。

2015 年 2 月 5 日,地方法院驳回了该联合动议。在解释其决定的原因时,法院批评检察机关没有对任何个人的行为进行起诉。法院认为,被告"在相当长的时间内从事恶劣的行为且是为了本国最严重的敌人之一的利益,却被如此仓促起诉",批准该动议将"助长对法律的不尊重"(According to the court, approval of an agreement in which the defendant had been "prosecuted so anemically for engaging in such egregious conduct for such a sustained period of time and for the benefit of one of our country's worst enemies" would "promote disrespect for the law")。法院进一步指出,某些雇员已获准留在公司;DPA 不要求有独立的监督员;罚款金额没有超过福克从非法交易中获得的收入等,基于这些情况,法院驳回了 DPA,认为检察机关"不适当地行使起诉方自由裁量权"。

地方法院的决定标志着联邦法院首次驳回双方根据 DPA 提出的中止计算审判时效的联合动议。双方及时提交了上诉申请。由于双方都试图推翻地方法院驳回联合动议的裁决,本院任命了"法庭之友"(amicus curiae)为地方法院的决定进行辩护。

二、争议焦点

（一）地方法院是否有权对检方的指控决定权进行审查和驳回

尽管本院在审查地方法院裁决时面临一个门槛问题，但本院对司法管辖权问题的评估，基本上是从当事各方对地方法院诉讼质疑的是非对错方面进行的考量。因此，根据本院在平行情况下的做法（in accordance with our approach in parallel circumstances），本院首先考虑地方法院是否有权驳回联合动议。本院的结论是，其有权驳回。

然而，主要基于对控方指控选择的担忧而驳回 DPA，地方法院就超越了《快速审判法》规定的权限。该法排除了以下期间："检察官根据 DPA 协议在法院批准下推迟起诉的任何延期，目的是让被告证明其品行端正。"虽然排除期间须经"法院批准"，但没有理由将该条款解读为授予地方法院自由裁量权，以审查检方的酌情起诉决定。进而，本院是在已经达成的宪法共识的背景下解读该法规的，在这种共识下，刑事指控的决定权基本上属于检察机关，而司法部门没有参与，也没有监督的权力。因此，《快速审判法》的"法院批准"要求并没有授权地方法院根据指控太过宽松这一理由而不批准 DPA。

1.检察机关在刑事指控中的优先权

检察机关在刑事指控决定中的优先权早已确定。这种权威源于美国宪法的"关照"(take care)义务和赦免权。提起指控或撤回指控的决定,"是检察机关忠实执行法律的核心职责"。因此,最高法院一再强调,"是否起诉以及向大陪审团提出或提起何种指控通常由检察官做出决定"。

相应地,在审查检察机关对起诉决定行使自由裁量权时,"司法权力最为有限";是否起诉的决定取决于案件的影响,检方的总体威慑价值,检方的执法优先权,以及案件与检察机关的总体执行计划关系等因素。检察机关通常会进行这些评估,并且为这类评估做好充分的准备。相比之下,正如最高法院所解释的那样,司法部门通常"没有能力进行"这种调查。事实上,"检察官行使自由裁量权,决定何时及是否提起刑事诉讼,或应作出何种确切指控,或一旦提出诉讼是否予以撤回,是最不适合进行司法审查的事项"。"这一领域的司法监督"还将"带来系统性成本"。它可能"使执法不力",造成拖延,并"损害核心宪法职能的履行"。因此,"正常性推定"适用于"起诉决定,以及在没有明确相反证据的情况下,法院推定检察官已适当履行其公务"。

2.《联邦刑事诉讼规则》第 48(a)条的"法院许可权"

既定原则反对以影响检察机关决定刑事指控的宪法优先权的方式解释法规和规则。特别引人注目的是,《联邦刑事诉讼规则》(The

Federal Rules of Criminal Procedure)第 48(a)条①要求检察官在撤回对刑事被告的指控之前获得"法院许可"。这一措辞可以解读为允许司法部门大量参与撤回刑事指控的决定。但是,撤回未决刑事指控的决定,与提起指控的决定和确定提出哪些指控的决定相同,完全属于检察官的自由裁量权范围。为此,最高法院拒绝对第 48 条(a)款的"法院许可"进行解释,即不授予法院在决定撤回指控方面的实质性权力。相反,"法院许可"要求的主要目标被理解为狭义目标——"当检察机关不顾被告反对而撤回起诉时,保护被告免受公诉方骚扰"。因此,法院审查检察机关根据第 48(a)条提出的动议,主要是为了防止这样一种可能性,即通过反复指控——撤回——再指控,将撤回起诉作为对被告的"起诉骚扰"计划的一部分。

因此,"法院许可权"没有赋予地方法院相关权力,即无权以对检察机关行使指控权力有异议这一理由拒绝检察官根据第 48(a)条提出的撤回指控的动议。例如,法院不能因认为在控方希望撤回指控的情况下被告仍应受审,或认为其他指控不能充分体现被告被指控行为的严重性而拒绝法院许可。作出此类决定的权力仍属于检察机关。

3."Tunney 法案"的"公共利益标准"

同样的考虑也使本院认识到检察机关和法院在接受执行机构提出

---

① Rule 48(a) of the Federal Rules of Criminal Procedure：By the Government. The government may, with leave of court, dismiss an indictment, information, or complaint. The government may not dismiss the prosecution during trial without the defendant's consent.(关于检察机关：在法庭许可的情况下,检察机关可以撤回起诉书、资料或控告。未经被告同意,检察机关不得在审判期间撤回起诉。)

的某些民事许可法令方面各自的作用。《反托拉斯程序和处罚法》（*The Antitrust Procedures and Penalties Act*，以下简称为"Tunney 法案"）呼吁地方法院在"符合公共利益"①的情况下通过反托拉斯同意令。美国司法部对微软提起了反垄断民事诉讼，并提出了一项包含双方和解的同意令（consent decree）。地方法院拒绝批准同意令，理由是指控和同意令都不足以解决微软的不良行为造成的影响。法院的结论是，同意令未能满足法令的"公共利益"标准。

本院同样撤销了地方法院的判决，并将其发回重审。上诉人辩称，地方法官对其在法规的"公共利益"条款下的权力理解过度，从而使其能够"基于检察机关起诉自由裁量权的考虑而拒绝该法令"。本院对此表

① 15 U. S. C. § 16(e)：Public interest determination.（公共利益的定义）

(1)Before entering any consent judgment proposed by the United States under this section, the court shall determine that the entry of such judgment is in the public interest. For the purpose of suchdetermination, the court shall consider—（美国公民根据本节提出的任何同意令作出之前，法院应确定该判决的作出符合公共利益。为作上述判决，法院须考虑——）

(A) the competitive impact of such judgment, including termination of alleged violations, provisions for enforcementand modification, duration of relief sought, anticipated effectsof alternative remedies actually considered, whether its termsare ambiguous, and any other competitive considerationsbearing upon the adequacy of such judgment that the courtdeems necessary to a determination of whether the consentjudgment is in the public interest; and（此类判决的竞争影响，包括终止所指控的侵权行为、执行和修改规定、所寻求的救济期限、实际考虑的替代救济的预期效果，其条款是否模糊不清，以及法院认为确定同意令是否符合公共利益所必需的与该判决有关的任何其他竞争性考虑；以及……）

(B) the impact of entry of such judgment upon competition inthe relevant market or markets, upon the public generally andindividuals alleging specific injury from the violations set forthin the complaint including consideration of the public benefit, ifany, to be derived from a determination of the issues at trial.（此种判决的生效对相关市场的竞争产生的影响，一般公众和声称因指控中所述侵权行为而受到具体损害的个人，包括考虑对审判中的问题的确定可能产生的任何公共利益。）

(2)Nothing in this section shall be construed to require the court to conduct an evidentiary hearing or to require the court to permit anyone to intervene.（本条的规定不得解释为要求法院进行证据聆讯或要求法院准许任何人介入。）

示赞同,因为公共利益标准并没有"授权"地方法官"仅仅因为他认为其他补救措施更可取"而拒绝同意令中"寻求的补救措施"。此外,本院表示,地方法院禁止超越申请范围审查检察机关没有质疑的事项。平心而论,"如果一项'拟议法令'表面上或者甚至在检察机关解释之后,看起来仍是对司法权力的嘲弄,地方法官就没有义务接受它"(To be sure, a "district judge is not obliged to accept" a proposed decree "that, on its face and even after government explanation, appears to make a mockery of judicial power")。但本院认为"尽管可能发生这种情况,'Tunney 法案'仍不能被解释为授权地方法官担任总检察长"("the Tunney Act cannot be interpreted as an authorization for a district judge to assume the role of Attorney General")。因此,地方法院不应仅仅认为检察机关可以协商一项更严格的同意令,或者认为检察机关未能提出适当的指控,而拒绝同意令。

正如本院后来解释的那样,本院"狭义地"解释了"Tunney 法案"的"公共利益调查",部分原因是"如果法院将检察机关行使自由裁量权置于不恭敬审查(non-deferential review)之下,将会出现宪法问题"。其结果是"Tunney 法案"中的"公共利益"与第 48(a)条中的"法院许可"权力一样,没有赋予法院新的权力来审查和驳回检方的指控和执行决定权。

4.《快速审判法》的"法院批准权"

同样的考虑也支配着本院对此处讨论的《快速审判法》条款的解释。如前所述,该条款允许排除"检察官根据 DPA 协议在法院批准下推迟起诉的任何延期,目的是让被告证明其品行端正"。与"Tunney 法案"中的"法院许可"和"公共利益"权力一样,本院对"法院批准"的解释方式保留了检察机关长期以来对起诉决定的优先权,并剥夺了法院实施其自身起诉偏好的实质性权力。

(1)"法院批准"不比"法院许可"的权限大

作为一个前提事项,DPA 的上下文与第 48(a)条的上下文一样,涉及控方撤回刑事指控的核心特权。虽然根据 DPA 撤回起诉是因为被告在指定期限内必须遵守约定的条件,但依据第 48(a)条,因 DPA 要求撤回起诉的决定最终源于一个结论,即额外的起诉或处罚不符合公共利益。因此,在任何一种情况下,撤回起诉都履行了前文规定的检察机关的职责,即确保法律得到忠实执行。

本院认为没有理由承认法院在 DPA 背景下审查检察官指控选择的权力比在第 48(a)条背景下审查检察官指控选择的权力大。正如第 48(a)条的"法院许可权"不允许法院基于可对被告(或第三方)提出更严重指控的考虑而拒绝批准撤回起诉的动议,"法院批准权"不允许法院基于同样的考虑拒绝批准根据 DPA 请求中止计算审判时效的动议。在任何一种情况下,法院拒绝批准都将是对检察机关基本职权实质性的和毫无根据的侵犯。并且,司法机构没有权限审查控方提出和撤回指控之举,也同样没有权限审查起诉方提出 DPA 的决定以及协议条款中反映的选择。与传统的指控决定一样,DPA 的条款表明检察机关考虑了一些因素,如控方证据的力度、起诉的威慑价值以及执法优先权,对这些因素不适合进行实质性的司法审查。

可以肯定的是,作为 DPA 的一部分,提交的刑事指控在整个协议期间都保留在法院的案卷上(即在对被告是否满足协议条件进行评估之前,控方要求撤销的指控)。但是,法院待审案件中存在的指控表明,法院没有超越第 48(a)条的权力来对潜在指控决定进行评价,同样,刑事指控在法院待审案件中保留,直到被撤回。关键的一点是,尽管根据 DPA 的规定,这些指控仍然悬而未决,但法院在监督被告遵守 DPA 条件方面不发挥任何作用。例如,违反 DPA 条件的被告不会受到法院裁决的任何影响。相反,控方单独监督被告遵守协议条件的情况,并确定被告的行为是否能够成为撤回未决指控的理由。正如在第 48(a)条下的案件所述,控方在对情况进行评估后得出结论,继续追究刑事责任是没有必要的。

在这方面,与民事同意令的比较也很有启发性。民事同意令不仅保留在法庭的诉讼记录中,而且与 DPA 不同的是,法庭可以通过判定藐视法庭的权力(the contempt power)来执行该法令的条款。即使面对这种强化的司法角色,本院也狭义地解释了法院的"公共利益"权力,以审查根据"Tunney 法案"提出的反垄断同意令,从而避免侵犯检察机关对执法决定的核心自由裁量权。一般而言,行政独立性在刑事指控决定中比在民事执行决定中更为明显。

有鉴于此,本院认为没有任何依据可以得出这样的结论,即相比审查刑事指控权力的任何其他行政行为[包括根据第 48(a)条撤回指控],法院在审查 DPA 条款时,拥有更大的审查指控决定的权力。

(2)"法院批准权"设立的目的

第 3161(h)(2)条的文本并未规定任何相反的结论。法定语言将"法院批准"要求与 DPA 的"允许被告展示其良好行为的目的"联系起来。因此,本院认为,法院在 DPA 下中止计算审判时效的批准权有一个特别的重点:即确保 DPA 实际上是为了使被告证明其遵守法律,而不是仅仅为了逃避《快速审判法》时间限制的借口。无论法院是否有权确认 DPA 的条件进而确保被告的良好行为,它都不允许法院对刑事指控的选择是否适当强加自己的观点。正如第 48(a)条确定的一样,这些核心指控决定仍然是检察机关的职权范围。

参议院委员会报告附随《快速审判法》加强了对第 3161(h)(2)条规

定的地方法院"批准"权限的理解。该报告描述了"经法院批准"这一短语,其目的是"确保法院参与转移审判的决定,检察官和辩护律师不会利用这一程序来避免迅速的审判时间限制"。该声明表明,司法批准要求并非意在侵犯传统的检察机关指控决定的独立性。相反,这项规定使法院能够确保DPA的存在不仅是为了逃避快速审判时间限制,而是为了真正确认被告的良好行为和遵守法律。参议院委员会报告进一步描述了第3161(h)(2)条的总体意图,即"鼓励检察官当前的行为趋势",即在被告参与改造方案(rehabilitation programs)时暂时搁置刑事指控。将第3161(h)(2)条解释为授权法院审查控方的基本指控决定,往往会阻止而不是鼓励控方使用DPA,这明显与该条款的总体目标相矛盾。

因此,法院在审查DPA条款时,并不具有更大的审查指控决定的权力。

5."法庭之友":类比认罪协议的审查

第3161(h)(2)条"法院批准"即赋予地方法院对控方指控决定的实质性审查权,"法庭之友"在为这个观点辩护时,试图将法院根据第3161(h)(2)条对DPA的审查类比为法院根据《联邦刑事诉讼规则》第11条[①]对提议的认罪协议的审查。这一观点是失败的。

首先,即使在审查拟议的认罪协议的背景下,地方法院也没有权力仅基于与检察官基本指控决定的分歧而拒绝拟议的协议。第11条声明地方法院可以"接受协议、拒绝协议或推迟裁决,直至法院审查了提交的报告"("accept the agreement,reject it,or defer a decision until the court

---

① Rule 11 of the Federal Rules of Criminal Procedure:https://www.federalrulesof criminalprocedure.org/table-of-contents/.

has reviewed the presentence report.")。尽管"地方法院在决定是否接受或拒绝认罪协议时必须行使自由裁量权,但这种自由裁量权并非不受限制"。特别是,"初审法官不能仅仅因为他们对公共利益的概念理解与检察官不同而任意地拒绝认罪协议"。

此外,根据第11条,地方法院有权"接受"或"拒绝"拟议的认罪协议根植于司法机关对刑事案件的传统权力,正如规则本身所表明的那样,该规则允许法院"推迟判决,直到法院审查了提交的报告"。认罪协议大致有两种形式:(1)指控交易,即被告同意承认某些指控,以换取撤销其他指控;(2)量刑交易,即被告在量刑获得双方同意后认罪,控方随后向量刑法院建议。鉴于检察机关对指控决定的传统权力和司法机关对量刑决定的传统权力,一些同级的巡回法院得出结论,地方法院拒绝指控交易的权力比拒绝量刑交易的权力更为有限。不管怎样,即使是在指控交易的情况下,法院也会审查被告承认的行为,并对其作出判决,而这反过来又会直接影响量刑。

与认罪协议相比,DPA的适用背景明显不同。它更像是根据第48(a)条进行的撤回,因为DPA不涉及强制或采纳其条款的正式司法行动(地方法院在认罪协议存在的情况下作出有罪判决,然后量刑,法院在DPA的情况下不采取此类行动,DPA的整体目标是使被告能够通过表现良好行为和遵守法律而避免被定罪和量刑)。并且,DPA的条款是由当事人而不是法院同意的,法院没有理由将协议条款作为自己的条款,也从不通过作出有罪判决或量刑来行使其强制力。相反,它只是批准检察机关对是否进一步作出刑事指控的判断(即使毫无根据),就像它批准检察官根据第48(a)条撤回指控的动议一样。与面临根据第48(a)条规则撤回指控的动议一样,地方法院无权以"控方在行使指控自由裁量权时过于宽松"为由,根据第3161(h)(2)条否决DPA。

6."法院批准权"的调查内容

从关于 DPA 的第一次情况会商开始,地方法院就一再批评检察机关没有对公司个别高管提起诉讼。法院特别指出该公司的非法行为是"公司的高管策划的",并且检察机关根据传统的指控依据(如证据的强度和提起不同指控的价值)做出该指控决定的解释,也没有说服法院,地方法院质疑为什么没有高管被单独追究责任。法院还指责检察机关"要求福克服务公司缴纳的罚款,没有高于其非法交易获得的 2100 万美元"。此外,法院认为,作为 DPA 条款的一部分,检察机关应该设立一名独立的监督员。基于这些原因,地方法院驳回了动议。

即使地方法院对控方行使指控权的批评是完全正确的,本院也没有理由去解决这个问题,法院不应该"承担司法部长的角色"。相反,法院本应将其调查局限于审查 DPA 是否符合第 3161(h)(2)条规定的允许福克证明其良好行为的目的。本院没有理由质疑 DPA 中福克在这方面所表现的诚意,并且地方法院也没有提出其他意见。而如果 DPA 包含非法或不道德条款,法院则有权拒绝该 DPA,地方法院对此也没有提出任何意见。相反,法院根据第 3161(h)(2)条驳回动议,理由是认为控方在其指控决定和 DPA 中约定的条件方面过于宽松。法院如此做法明显越权。

综上,地方法院无权对检方的指控决定权进行审查和驳回。

(二)上诉法院是否应当颁发训令予以纠正

在裁定地方法院驳回动议是错误的之后,本院现在决定是否授予训令以纠正该错误。训令是一种"极端和特殊"的补救措施,"保留给真正特殊的案件"。在法院颁布训令之前,必须考虑三个条件:(1)申请人必须"没有其他适当手段来达到他所希望的救济";(2)申请人必须证明他对训令的权利是"清楚和无可争辩的";(3)法院"在行使其自由裁量权时,必须确信该训令在当时的情况下是适当的"。所有的条件在这个案件中都符合。

1.是否符合"没有其他适当手段来达到他所希望的救济"

首先,在刑事案件中,训令申请人必须缺乏任何"其他适当的手段来达到他所要求的救济"。本案满足该条件,因为中间上诉(interlocutory appeal)不可用,而终审判决后的上诉将无济于事。

(1)该裁决是否能够适用附带裁决原则

关于中间上诉的可能性,在刑事案件中,被告在被定罪和判刑之前,通常没有能力对中间裁决进行上诉复核。检察机关在刑事案件中有对某些中间裁决提出异议的法定权利。但是依据快速审判法驳回请求中止计算审判时效动议的裁决并不属于法定例外。本院认为,在附带裁决原则下,地方法院的裁决不能立即进行中间上诉。

附带裁决原则是终审判决规则的有限例外,为了满足该例外,一项诉讼中的裁决必须(1)"最终确定争议问题";(2)"解决一个与诉讼是非曲直完全无关的重要问题";(3)"对终审判决的上诉不能对该中间裁决进行有效审理"(即不可有效复审)。上述三个条件都必须满足,有关裁决才有资格成为可立即上诉的附带裁决。而且,由于拖延可能"对维护刑法的正当性是致命的",这些条件在刑事案件中被"极其严格地"适用。

在这里,不需要考虑附带裁决检验的前两个条件,因为仅第三个方面就排除了地方法院裁决是可立即上诉的附带裁决的可能性。最高法院解释说，"只有一小部分主张"满足不可有效复审的条件。一般而言，所涉裁决必须包含"一项主张的权利，如果在宣判前不予以辩护，其法律和实际价值将遭到破坏"（the order in question must implicate "an asserted right the legal and practical value of which would be destroyed if it were not vindicated before trial"）。福克和检察机关在这一主张中有不同的利益，本院分别予以考虑。

第一，福克的"避免审判的权利"。福克声称，它拥有 DPA 赋予的不受审判的权利，如果审查推迟到最终判决之后，该权利将被取消。然而，众所周知，"如果上诉人的立场正确，提交审判程序的负担将会被浪费，单凭这一负担并不支持附带裁决上诉"（mere burden of submitting to trial proceedings that will be wasted if the appellant's position is correct does not support collateral order appeal）。福克所谓的避免审判的权利并没有"建立在明确的法定或宪法保证审判不会发生的基础上"，它不符合实际上不可有效复审的要求。

第二，检方的"分权主张"。就检察机关而言，它强调其立即提出上诉的权利是以权力分立为基础的。然而，检察机关未能明确该裁决因为属于"狭义的主张范围"而实际上不可复审。在大多数刑事案件中，如果检察机关在审判中败诉，其将被禁止上诉，如果胜诉，其将没有资格上诉。因此，如果诉讼中的裁决侵犯了权力分立，检察机关通常无法在最终判决后维护其特权。但在这里，检察机关可以允许快速审判时限到期，然后以地方法院本应根据第 3161（h）（2）条批准动议为由，对地方法院驳回指控提出上诉。如果检察机关的分权主张是有根据的，即地方法院基于与检察官的指控决定不一致而拒绝 DPA，则检察机关可以在最终判决后为其主张辩护。因此，就附带裁决原则而言,地方法院的裁决不符合"对最终判决的上诉实际上不可复审"。

(2)判决后上诉并非"适当手段"

虽然最终判决后上诉的可能性排除了将地方法院的裁决视为可立即上诉的附带裁决的可能性,但最终判决后复审的可能性不是"达到检察机关所希望的救济的适当方法",而只是用以阻止训令发出的方法(the possibility of review after final judgment is not an "adequate means to attain the relief the government desires" so as to prevent the grant of mandamus)。地方法院否决了 DPA,基本上给检察机关留下了三个选择:重新谈判协议;进行审判或申请救济;放任快速审判时限运行,然后对撤回指控提出上诉。前两种选择都不允许对地方法院驳回 DPA 的上诉进行复审。至于第三种选择,允许快速审判时限运行将允许对裁决进行审查,但也会带来相应的风险。如果地方法院在有偏见的情况下驳回该案件,而检察机关上诉不成功,检察机关可能无法对承认有罪的被告重新提起指控。如果地方法院在没有偏见的情况下驳回该案,检察机关可能仍然无法因诉讼时效而重新起诉。在没有训令的情况下,检察机关对应受谴责的被告造成的"不可弥补的伤害"将"无法补救"(The possibility that the government would be left with no remedy against a culpable defendant inflicts an "irreparable injury" that "will go unredressed" without mandamus relief)。

(3)本裁决与 28 U. S. C. 第 1292(a)(1)条中的驳回禁令不同

福克(而非检察机关)特别辩称,地方法院的裁决相当于《美国法典》

第 28 卷第 1292(a)(1)条①中规定的可立即上诉的驳回禁令,该条款允许对授予或驳回禁令的裁决进行上诉。通过驳回 DPA,福克主张,地方法院的裁决产生了驳回禁令的实际效果。本院对此表示不同意。要符合禁令的条件,所请求的救济必须"针对一方当事人,可以藐视法庭为由强制执行,并旨在给予或保护申诉要求的部分或全部实质性救济"。然而,在这里,如果地方法院批准了动议并接受了 DPA,其裁决不能以藐视法庭的方式执行。尽管福克可能面临重大后果,即如果违反 DPA 条款,将受到刑事起诉,但它不会面临制裁。因此,地方法院驳回动议的决定并不等于立即可上诉的驳回禁令,这使得检察机关除了训令之外,没有"足够的手段来实现它所希望的救济"。

2.是否符合申请人得到训令的权利是"清楚和无可争辩的"

训令申请人必须证明其获得令状的权利是"清楚和无可争辩的"。基于前文中解释的原因,本院得出结论,地方法院的判决"构成明显的法律错误"。

诚然,在地方法院采取行动时,没有任何上诉意见专门解释《美国法典》第 18 卷第 3161(h)(2)条规定的地方法院权限范围。但是,本院从未

① 28 U.S.C. § 1292(a):Except as provided in subsections (c) and (d) of this section,the courts of appeals shall have jurisdiction of appeals from[除本条(c)和(d)款另有规定外,上诉法院对下列案件的上诉均有管辖权]:

(1)Interlocutory orders of the district courts of the United States,the United States District Court for the District of the Canal Zone,the District Court of Guam,and the District Court of the Virgin Islands,or of the judges thereof,granting,continuing,modifying,refusing or dissolving injunctions,or refusing to dissolve or modify injunctions,except where a direct review may be had in the Supreme Court.(除非最高法院可以直接复核,美国地区法院、美国运河区地区法院、关岛地区法院和维尔京群岛地区法院或其法官作出的关于批准、维持、修改、拒绝或解除禁令的中间判决,或者拒绝解除或修改禁令的判决。)

要求存在一份针对具体事实情况或相关法律规定的事先意见，以便找到明确的错误来证明颁发训令的正当性。事实上，没有上诉意见解释地方法院在第3161(h)(2)条下的权力的原因是，在审查指控决定之前，没有任何地方法院仅仅因为不同意控方的指控决定而驳回请求中止计算审判时效的动议。事实上，据本院所知，没有一家地方法院以任一原因驳回了根据第3161(h)(2)条规定请求中止计算审判时效的动议。相反，最高法院和本法院的许多判决清楚地表明，法院通常没有权力对起诉方行使宪法规定的起诉自由裁量权进行审查。训令是对"篡夺司法权"的一种遏制。

3. 是否符合"颁布训令在这种情况下是适当的"

最后，必须确信"训令在这种情况下是适当的"。在这种情况下，"全部情况"都将予以考虑，才能授予训令。

地方法院做出的裁决标志着检方行使起诉自由裁量权的DPA协议首次受到司法审查。DPA已逐渐成为检察机关追究被告责任的重要工具。它们为检察官提供了一种中间选择，一方面允许被告完全逃避责任，另一方面DPA有助于检察官对其认为可能难以发现的或将会对被告或无辜第三方产生不良后果的刑事犯罪进行追究。这些协议还使检察官能够灵活地进行安排，在他们看来，这种安排最能说明被告的罪责，并产生最理想的长期结果。

地方法院驳回了多个联邦执法机构与被告公司之间达成的协议的核心部分，其裁决"对检察机关未来协商解决方案的能力产生巨大的实际影响"，并且可能对检察官追求和制定DPA条款的能力产生"潜在的深远影响"。因此，该裁决相当于"对另一分支机构履行宪法义务的无理损害"。简言之，"地方法院裁决的独特性，加上其在一个重要法律领域可能产生的广泛和破坏性的影响",证明了允许检察机关申请训令的合理性。

综上所述,本院认为应当授予训令予以纠正。

(三)上诉法院是否应当重新分配案件审理法官

福克服务公司要求本院将此案件重新指派给其他地方法院法官。但是,由检察机关提出的训令请求并没有要求重新分配。虽然寻求救助的检察机关并没有要求重新分配,但本院全面考虑了这个问题,因为上诉法院有时会重新分配案件。

重新分配仅在"极为罕见的情况"下,即地方法官的行为"极端到明显无法做出公正判决"。这个案例没有达到这个高标准。尽管地方法院根据诉讼过程中提供的事实自发对福克的行为发表意见,但这些关于法官对被告行为评估的"坦率思考"("candid reflections")根本无法确定偏见。地方法院的意见也没有表明存在"根深蒂固的对立会使公正判决变得不可能"(deep seated antagonism that would make fair judgment impossible)。本院认为没有理由怀疑地方法院在未来作出公正判决的能力。因此,本院拒绝重新分配案件。

三、案件结果

综上所述,本院撤销地方法院的裁决,并将其发回重审,以便进行与本意见一致的进一步诉讼。

互联网合规的基础理论与实务热点

——2021 年互联网合规论坛综述

黄　镇[*]

2021 年 11 月 6 日,"2021 年互联网合规论坛"(暨浙大城市学院法学院互联网合规研究中心成立大会)在杭州成功举办。本次论坛由浙大城市学院法学院主办,浙大城市学院法学院互联网合规研究中心、浙江大学光华法学院经济法研究所承办。在本次论坛上,来自国家市场监督管理总局、浙江省司法厅、杭州市中级人民法院、浙江大学、北京航空航天大学、中国计量大学、浙江财经大学、浙江理工大学、阿里巴巴集团等单位的 44 名学术界、实务界专家及师生代表,共同围绕互联网平台劳动合规、互联网平台合规监管、企业合规减免不利处分、减免刑罚、合规出罪等互联网相关领域的合规基础理论与实务热点展开了深入讨论。

---

[*]　黄镇,法学博士,浙大城市学院法学院副教授,浙大城市学院法学院互联网合规研究中心副主任。

一、会议主旨

2020年3月,最高人民检察院在6个基层检察院率先部署了企业刑事合规不起诉改革的试点工作,随后,全国各地相继开展了相关探索。历经一年发展,刑事合规不起诉在制度建设和司法实践方面均取得了一些成果。2021年4月,最高人民检察院发布《关于开展企业合规改革试点工作的方案》,启动了第二期企业刑事合规不起诉改革试点,标志着改革步入了新阶段。与司法实务先行先试相对应的,则是学术界对于合规的理论探讨仍然处于较为初步的阶段。

浙大城市学院法学院院长范良聪教授指出,目前刑事合规的理论基础仍然较为薄弱,刑事合规理论是否成立? 如果成立,它的理论边界在哪里? 如果不成立,又应该如何处理? 而在行政法领域中,合规监管的学理基础与技术手段都已经初步具备。尤其是随着《网络安全法》《数据安全法》《个人信息保护法》的陆续出台,互联网平台合规监管已经从理论探讨变成了强制性义务。然而,在强制性义务的基础上讨论合规问题,其实就是一个合法性问题,而不再是一个合规性问题。目前,学术界和实务界在很多场合混淆了合法性和合规性的概念,把合法性问题直接用合规来表述,合规的理论边界亟待厘清。同时,浙江省司法厅法规处处长郭晓红指出:从立法层面来说,合规概念、合规政策、合规标准、合规伦理等四个方面问题是合规研究的基础问题;在讨论合规的实践意义时,需要重点关注预防不利后果发生、合规激励机制两个方面。杭州市中级人民法院研究室副主任聂庆提出,需要从法律职业共同体的角度来理解当前我国正在开展的合规实践,检察机关、刑辩律师对于合规的推动动力较强,法院对于合规的态度较为中立和温和;如果实践证明确实有需要,那么合规的理论研究一定会欣欣向荣。

二、互联网平台劳动合规

劳动合规是目前互联网平台合规监管的重点之一。随着新技术、新产业、新业态、新模式的蓬勃发展,互联网平台劳动用工方面积累的问题也愈发突出。其中核心问题包括:互联网平台型企业与劳动者之间的劳动关系认定问题、互联网平台用工的合规边界问题、互联网平台型企业的社会责任与合规义务等等。

(一)互联网平台型企业与劳动者的劳动关系认定问题

较之传统的劳动用工模式,平台经济的劳动用工有灵活性较高、稳定性较低、独立性较强、极具复杂性等特性。这些特性导致作为平台经济劳动用工合规核心的劳动关系认定面临困境。

北京市海问律师事务所合伙人刘宇翔律师等从实践的角度,通过对平台经济用工的特点展开分析发现:平台经济用工具有灵活性高、稳定性弱、用工双方各自的独立性较强、用工场景及其关系极为复杂等四个特征。因此,平台用工劳动关系的认定存在两难困境,即由于平台用工模式特殊,传统的劳动关系认定要素难以适应;劳动关系二分法对劳动者的保护为"全有或全无"的,法官不得不通过个案中的利益衡量决定裁判方式,因此产生普遍的"同案不同判"的困境,对平台用工合规产生不利影响。然而劳动关系三分法无法在我国劳动法制背景下适用。

因此,刘宇翔等提出:对于我国而言,在劳动关系二分的基础上,借鉴域外法经验,对劳动关系认定要素进行重构,构建动态、细化、综合性的劳动关系认定要素,并推动平台经济下服务提供者特殊权益保护,才是纾解我国平台经济劳动关系认定困境的有效途径。

(二)互联网平台型企业用工的合规边界问题

针对互联网平台型企业与劳动者的劳动关系认定问题,北京航空航天大学法学院博士后张健等则认为:互联网平台经济的崛起冲击了我国传统劳动法制,造成平台与劳动者处于有劳动关系与无劳动关系之间的模糊地带。这一法律漏洞为平台公司通过规避劳动法、降低用工成本和避免用工责任提供了可能性。平台的用工模式呈现出"去劳动关系化"特点,最终实现与劳动者的法律隔离。法律规避引发了平台公司在劳动法领域的合规问题,但合规边界很大程度上取决于我国立法和司法系统对劳动关系界定的路径选择。

张健等从平台劳动者所面临的法律风险入手,提出平台劳动者面临:收入普遍不足,却不受最低工资标准的保护;需要额外承担各种职业风险;维持收入要比传统劳动者付出额外努力等劳动风险。而互联网平台则利用劳动法框架落后采取了多种法律规避行为,例如对众包骑手等进行法律隔离;通过第三方机构向下游转嫁风险等等。互联网平台的法律规避行为引发一个问题:平台公司不断演进的用工模式是否已经延伸到了合法性的边界?该问题与"企业合规"概念产生了联系。而二分法和三分法规制路径的选择直接决定了合规边界,但两种进路也会产生不同的问题。

在二分法中,平台公司作为用工单位,劳务派遣公司作为用人单位存在。二分法路径规制下的平台公司的合规边界主要涉及劳务派遣中的禁止性事项。在三分法中,基本原则是赋予灵活就业人员部分劳动权益。但三分法只有通过全国人大立法的方式才能实现,时间成本较高。

(三)互联网平台型企业的社会责任与合规义务

互联网平台型企业劳动合规义务的逻辑起点是企业的社会责任,从这个角度出发,平台企业通过"去劳动关系化"模糊从业者身份实际就是逃避雇主社会责任的一种表现,因此讨论平台企业的合规义务,社会责任是绕不开的话题。对此,暨南大学法学院硕士研究生庄钰婷提出以平台型企业的"去劳动关系化"现象为切入点,以劳动合规理论为视角,分析平台型企业应承担的以保障劳动者权益为基本要义,以劳动时间、劳动强度、劳动环境、劳动报酬等为主要面向的社会责任,进而提出平台型企业应当以保障劳动者多方面权益为合规义务原则,通过形成自治共同体,利用搭建数据信息披露平台及协同治理等工具加强企业社会责任建设,从而有效提升对劳动者权益的保障。

庄钰婷提出,平台企业采取"去劳动关系化"策略的动因是:第一,追求利润,降低用工成本;第二,生产要素变更,信息数据成为生产资料;第三,制度滞后,现行劳动法制度对现实回应乏力。因此,相比传统企业社会责任而言,平台企业的责任呈现更加多样化的新特点:一方面,平台企业的多重身份。平台企业本质上是企业的一种新型组织形式,同时又发挥创造"虚拟"市场的功能。同时,平台企业同时也是自身的"监管者",平台企业是信息交易的中介和场所,监督和管理平台用户和平台经营者不同主体的身份特性意味着其在社会中承担不同的角色,履行不同的社会责任。另一方面,信息的真实和安全。电子交易的非接触性,用户难以有效获取商品和卖家的真实信息,给信息来源的真实性带来巨大挑战。同时,大数据、算法以一种前所未有的方式对用户个人隐私信息进行收集和分析,信息安全维护是平台企业的一项极其重要的社会责任。因此,庄钰婷提出:应当以构建和谐劳动关系为劳动合规义务价值遵循;以企业自我社会责任建设为载体,形成自治共同体;同时,搭建数据信息披露平台及协同治理机制,为互联网平台企业合规提供工具抓手。

三、互联网平台竞争监管

在强化反垄断和防止资本无序扩张的政策背景下,我国互联网平台型企业竞争监管势在必行。

(一)竞争监管的功能与路径

平台经济领域的竞争秩序具有高度动态性,而现有法律框架缺乏对这种动态性的充分认识和考量,因此在监管强化的过程极易出现在竞争秩序维护问题上特定规则"越位"与个别情形下竞争规则"缺位"的问题。

浙江大学光华法学院助理研究员燕星宇从理论层面辨析了平台经济竞争监管所涉及的两个维度:功能上,竞争促进(反垄断)和竞争引导(完善市场设计)的区分;时间上,市场失灵后果发生前监管和事后监管的区分。从而提出我国平台经济竞争监管需要重点提防完善市场设计的监管需求挤压反垄断监管空间的问题,而反垄断监管则要肩负起准确认识竞争秩序、实现科学干预的任务。

为实现以上目标,燕星宇提出:第一,市场监管主体对自身功能定位应当形成系统性共识。第二,对作为规制客体的市场竞争秩序(包括动态竞争)应当有更全面、更精细的认识。因此,需要建立更高效和常规化的跨机构协同机制,及更标准化和透明的反垄断干预程序。

(二)个人信息合规审计的实施机制

2021 年 11 月 1 日,《中华人民共和国个人信息保护法》正式施行,第五十四条明确规定:"个人信息处理者应当定期对其处理个人信息遵守法律、行政法规的情况进行合规审计。"互联网平台个人信息合规审计的实施机制亟待健全。浙大城市学院法学院讲师范佳洋从互联网平台处理个人信息的合规审计之兴起、平台处理个人信息合规审计的目的、《个人信息保护法》中互联网平台合规审计的路径选择,以及合规审计的实施机制等四个方面对个人信息合规审计展开了讨论。

范佳洋认为,就我国个人信息保护实践而言,在"前"合规监管时期,主要采取的是一种传统的合法性监管思维,关注的是具体行为是否违反法律规定。这一时期存在三种典型困境:第一,监管机构介入时机不当;第二,监管机构介入的难度较大;第三,监管实效欠佳。因此需要一种新的监管方式来克服当前存在的困境。因此,个人信息合规审计应运而生。

2019 年国务院《关于加强和规范事中事后监管的指导意见》对监管格局中强化市场主体责任提出了要求,督促涉及公众健康和安全等的企业建立完善内控和风险防范机制,落实专人负责,强化员工安全教育,加强内部安全检查。为合规监管打开了政策通道。范佳洋提出,合规监管的目的可以一分为二。互联网平台的目的包括:第一,互联网平台在个人信息保护上的治理权力结构的优化;第二,通过对组织体系和运作的评估考察,甄别和评价互联网平台个人信息保护制度的良善与否;第三,预防个人信息有可能带来的商业和法律上的风险和损失。监管部门的目的包括:第一,确立发现和防止个人信息侵犯的内部机制;第二,机制持续完整地运作;第三,互联网平台有预防措施;第四,提升监管效率,依据互联网平台的信用评价与合规风险而采取差异化的执法措施,有区分地分配执法资源。

范佳洋认为,《个人信息保护法》所选择的合规审计路径,大致可分为以下三种:其一,区分合规审计的适用对象。其二,区分个人信息处理行为的规范强度。其三,区分合规审计的法律后果。针对以上三条路径,可以从以下五个方面构建个人信息合规审计的实施机制:(1)制定个人信息保护具体规则、标准;(2)针对小型个人信息处理者、处理敏感个人信息以及人脸识别、人工智能等新技术、新应用,制定专门的个人信息保护规则、标准;(3)支持研究开发和推广应用安全、方便的电子身份认证技术,推进网络身份认证公共服务建设;(4)推进个人信息保护社会化服务体系建设,支持有关机构开展个人信息保护评估、认证服务;(5)完善个人信息保护投诉、举报工作机制。

(三)互联网企业算法推荐行为的规范治理路径

"大数据杀熟"现象将对互联网信息服务算法推荐的规制推到了法学研究的视野当中,如何规范互联网信息服务算法推荐活动,维护国家安全和社会公共利益,保护公民、法人和其他组织的合法权益,促进互联网信息服务健康发展，成为重要议题。

2022年1月，国家互联网信息办公室、工业和信息化部、公安部、国家市场监督管理总局联合发布《互联网信息服务算法推荐管理规定》（以下简称《规定》），自2022年3月1日起施行。湖州师范学院讲师牛彬彬提出：算法推荐实际上是数据处理者利用算法对数据主体进行的助推策略，是针对数据主体之性格特征（包括个性特征与共通特征）所设计的非强制性选择架构，由于数字资本的逐利性，数字平台这种数字助推策略的弊端也随之显现。

牛彬彬通过类型分化，将数字助推区分为"普通的数字助推"和"基于个性化特征（画像技术）的数字助推——个性化推荐"两种。并提出"数字助推"具有三个特征：第一，数字助推具有动态性和实时性，即其以收集数据主体的实时数据为其主要目的，从实时收集到实时分析，形成实时反馈式的递归循环，数据处理者可以根据用户喜好随时调整选择架构与内容推送，以提高引导的成功率。第二，数字助推具有高度的意图隐藏能力，一般的助推本身已经表现得不甚明显，而数字助推与普通的助推形式相比，其隐蔽性更甚。第三，数字助推隐性操纵性。数字助推高度隐藏能力导致数据主体对于助推行为的无意识，即我们不能选择，或者根本无法意识到谁来干预我们的决策过程。为此，牛彬彬通过规范和伦理两个层面的分析后提出，针对数字助推的规范化，可以从四重视角加以推进：第一，从数据主体赋权视角，完善全力对抗体系；第二，从平台算法规范视角，补足行为规范制度；第三，从责任承担视角，明确违法行为助推的形态及其责任；第四，从监管视角，加强对数字平台助推行为的监管。

四、企业合规减免不利处分及出罪

在刑事合规领域中,当前研究聚焦于合规刑罚减免、合规出罪等问题,而在行政合规领域中,对企业合规减免不利处分是研究的重点之一。因此,作为合规基础理论,本次论坛围绕以上问题亦进行了深入的讨论。

(一)企业合规出罪的正当性反思

目前对于企业合规出罪的讨论主要基于国家政策的考量,避免刑罚的水波效应给社会带来诸多伤害而在实践中迅速推进。但实践先行的做法难免会带来诸多问题,既包括经验意义上的司法公正问题,也有制度引介上的制度规范运行机制契合度问题。浙大城市学院法学院张传玺基于对企业合规出罪的正当性反思,提出了"从政策走向法治"是克服企业合规正当性危机的路径。

张传玺认为:避免刑罚的水波效应,以及犯罪治理方式变革是企业合规出罪正当性的逻辑基础。但由于功能定位的背离,企业合规出罪面临来自经验、理论、制度、价值等四个面向的正当性危机。如何充分回应经验上的关切、理论上的羁绊、制度上的障碍及价值观念上的忧虑,将对未来企业合规制度的改革影响深远。

(二)企业合规刑罚减免的合理性根据

2021年6月3日,最高人民检察院举办"依法督促涉案企业合规管理,将严管厚爱落到实处"新闻发布会,发布了四件企业合规改革试点典型案例。浙江大学光华法学院副教授李世阳指出,这四件典型案例都是在相关行为已经确定构成犯罪的情况下,将刑事合规作为不起诉的条件及根据,从广义上来说,刑事合规已经成为一种刑罚减免事由。这种刑罚减免事由在刑法中具有怎样的体系地位? 其合理性根据是什么? 应当对其做怎样的限制才能避免被滥用的危险?

李世阳通过对企业犯罪与自然人犯罪的区别、企业刑事合规在刑罚上的定位、企业犯罪的出罪路径、企业刑事合规作为刑罚减免事由的规范论根据等问题的分析提出:第一,对企业适用合规的可行性和合理性来源于企业这一组织体本身的运行特征以及企业犯罪区别于自然人犯罪的固有特点。第二,将企业刑事合规定位于一种立足于国家视角的激励机制是妥当的,然而这种激励机制如果不能与刑法上的具体制度相契合,就只能是一种飘忽不定的刑事政策。第三,在企业犯罪的出罪化路径上,应尽力寻求在构成要件阶段出罪,而在构成要件的解释上,应统合于刑法设置该构成要件的规范保护的目的。第四,企业犯罪所具有累积性和持续性特征为将企业刑事合规解释为一种广义的中止行为提供根据。

(三)检察机关推行刑事合规的问题及对策

企业合规工作,是近年检察机关的重点工作之一。刑事合规是新时代检察机关积极拓展职能参与社会治理的新探索,对依法保护企业家合法权益、营造企业健康发展法治环境具有重大而深远的意义。

中国计量大学法学院副教授汪江连等通过对我国检察机关试点企业刑事合规进行类型化分析,从而提出当前检察机关开展刑事合规存在的问题,包括:企业合规的适用范围窄;合规尚未成为法定量刑情节;企业附条件不起诉制度尚未引入;程序衔接不畅、工作配合不够;企业合规建设成果评价难等。因此,汪江连等建议:从内部工作机制上为不起诉裁量权"松绑",让检察机关敢用、愿用酌定不起诉权;将合规作为涉企案件的法定量刑情节,并作为科处刑罚的重要依据;建立企业附条件不起诉制度;加强与公安机关、行政管理部门之间的程序衔接与配合;对于不同规模和性质的企业,应建立不同的合规标准和评估合规有效性的原则。

(四)企业合规减免不利处分的适用及规制

在当前合规研究领域中,刑事合规是学者们关注最多的领域。然而刑事合规在制度构建上虽注意到了一定条件下刑事不起诉与认罪认罚从宽、附条件不起诉之间的制度关联,却忽略了企业的违法责任承担应包括民事责任、行政责任和刑事责任,单纯从刑事层面的探究不足以构建起体系化的合规减免不利处分制度,从而使得这一探索存在制度断层。浙大城市学院法学院教授邵亚萍从公法视角,对企业可能面临的行政责任和刑事责任及其合规情形下的不利处分减免进行探讨。

邵亚萍提出,从防微杜渐、帮助企业起死回生及预防企业犯罪的目标取向,对企业合规减免不利处分问题的探索,显然需要将其放置于一个更为全局的视角,即在法律责任体系下予以观察,分析其可以适用的制度基础,解决不同性质责任之间的衔接,明确制度适用的界限,从而为该制度的实践可能提供理论指导,避免制度创新偏离法治方向。